DERNIERS TITRES PARUS

QU'EST-CE QUE L'ANIMALITÉ ?

CHEMINS PHILOSOPHIQUES

Collection dirigée par Magali BESSONE et Roger POUIVET

Jean-Yves GOFFI

QU'EST-CE QUE L'ANIMALITÉ ?

PARIS

LIBRAIRIE PHILOSOPHIQUE J. VRIN

6 place de la Sorbonne, V^e

2020

Donald Davidson, « Rational Animals », « Animaux Rationels »,
dans *Paradoxes de l'irrationalité*, traduction P. Engel
© Paris, Éditions de l'éclat, 1991

© *Librairie Philosophique J. VRIN*, 2004
Imprimé en France
ISSN 1762-7184
ISBN 978-2-7116-1686-2
www.vrin.fr

L'ANIMALITÉ

DE L'ANIMAL À L'ANIMALITÉ

Il est, en un sens, malheureux que nous ne puissions plus être aussi « naïfs » que Plutarque qui attribuait aux bêtes toutes sortes de vertus morales. Lorsqu'Ulysse veut rendre forme aux Grecs que Circé a ensorcelés, celle-ci le laisse s'entretenir avec Gryllos, celui d'entre eux qui grogne de façon porcine[1]. Elle rend, par enchantement, Gryllos capable d'entendre les allégations du héros aux mille tours et détours et d'y répondre; il devient ainsi le porte-parole de tous ceux qu'elle a transformés en loups, en ânes ou en lions. Mais, contre toute attente, Gryllos refuse de reprendre figure humaine et entreprend de prouver à Ulysse que les animaux

---

1. Tout ce passage de *Que les bêtes brutes usent de raison* s'inspire du Chant IX de *l'Odyssée*. Mais dans le poème homérique, Ulysse veut délivrer ses compagnons, tous transformés en pourceaux : c'est le souvenir d'une communauté de dangers partagés et la perspective d'aventures à venir qui lui fait prendre intérêt à leur infortune. Chez Plutarque, Ulysse veut faire revenir à l'humanité tous les Grecs anonymes que Circé a ensorcelés depuis des temps immémoriaux : ceux-ci n'ont aucune allégeance particulière à l'égard d'Ulysse. Lorsqu'ils déclinent son offre, par la bouche/groin de Gryllos, ils choisissent franchement et sans équivoque possible le parti de l'animalité contre celui de l'humanité.

sont bien au-dessus du plus sage des hommes en matière de vaillance, de tempérance et de prudence. C'est, en effet, sans effort que les bêtes combattent avec hardiesse leurs ennemis ; c'est sans labeur qu'elles satisfont ceux de leurs désirs qui sont naturels et nécessaires, qu'elles règlent ceux qui sont naturels sans être nécessaires et qu'elles se détournent de ceux qui ne sont ni naturels ni nécessaires. C'est, enfin, sans exercice qu'elles savent ce qui assure leur sauvegarde. Bref, là où les dispositions à la vertu ne s'actualisent, chez les humains, qu'à la suite d'un dur labeur, on les voit se réaliser spontanément, sans calcul et sans violence chez les animaux. On peut toujours soupçonner l'homme le plus courageux de maîtriser seulement l'art d'éviter un danger important en prenant un moindre risque ; d'être, fondamentalement, un couard plus astucieux que la plupart. Une telle réticence ne saurait valoir à propos de la bête que l'on ne voit jamais consentir à la servitude par crainte de mourir. Et il en est de même des autres vertus animales : la nature se montre à découvert chez la bête, la preuve en étant que les femelles sont aussi courageuses, aussi tempérantes et aussi prudentes que les mâles.

Nous ne pouvons plus, cependant, être aussi « naïfs » que Plutarque et ceux qui pensent comme lui[1]. Il serait intéressant de se demander pourquoi. Il est certain que les modernes ne sauraient guère adhérer à un naturalisme aussi innocent que le sien, et c'est très bien ainsi. Il est vrai aussi que les analyses des modernes sont devenues beaucoup plus sophistiquées en matière de comparaison entre les valeurs respectives de différentes vies. Par exemple, J. S. Mill affirme que, contrairement à ce que croyait J. Bentham et Mill père, il existe des plaisirs

---

1. Au premier rang desquels Montaigne (*Essais*, I, 14, « que le goût des biens et des maux » et *Essais* II, 12, « apologie de Raimond Sebond »). C'est un lieu commun du scepticisme que de souligner l'arrogante impuissance de la raison humaine par l'exhibition d'exemples de raison animale.

qualitativement différents. Une partie de son argumentation est la suivante :

> Mieux vaut un être humain insatisfait qu'un pourceau satisfait ; mieux vaut Socrate insatisfait qu'un imbécile satisfait. Et si l'imbécile ou le pourceau sont d'un avis différent, c'est qu'ils ne connaissent qu'un côté de la question : le leur. Pour faire la comparaison, l'autre partie connaît les deux [1].

On comprend bien ce que veut faire Mill. Il s'agit de construire une situation imaginaire où un être humain conserverait suffisamment d'expériences subjectives qui sont normalement les siennes pour que la continuité de son identité personnelle soit maintenue ; et où, cependant, il serait capable de connaître « de l'intérieur » les expériences subjectives constitutives de l'identité personnelle d'un être radicalement différent de lui, ainsi que les valeurs auxquelles cet être peut adhérer. Il pourrait alors évaluer, de façon impartiale, s'il vaut mieux connaître les expériences subjectives qui sont ordinairement les siennes, ou celles de cet être dont il vient d'explorer la subjectivité. Mais si l'on veut que la comparaison soit impartiale, ce n'est à aucune des deux parties de se prononcer. On peut, bien entendu, lorsqu'on est un être humain, se figurer, jusqu'à un certain point, ce que sont les expériences d'un porc : on peut se représenter ce que cela fait de patauger dans la boue d'après ses propres expériences de baigneur ; on peut se représenter ce que cela fait de manger des glands, du maïs ou des farines d'après ses propres expériences de gastronome. Mais ce ne sont encore là que des expériences porcines humainement interprétées : de toute évidence, il ne s'agit pas des expériences *d'un porc* et il ne serait pas strictement impartial de procéder de la sorte : en effet, ce n'est pas la même chose

1. *L'Utilitarisme*, traduction par G. Tanesse, Paris, Garnier-Flammarion, 1968, p. 54. Cette traduction est ici modifiée sur quelques points par J.-Y. Goffi à partir de J.S. Mill., *Utilitarianism*, R. Crisp (éd.), «Oxford Philosophical Texts», Oxford, Oxford University Press, 1998, p. 57.

que d'imaginer ce que cela ferait d'être un porc et d'imaginer ce que cela ferait, pour un être humain, d'être un porc. Il faudrait donc, pour que l'impartialité de la procédure soit garantie, avoir réellement *eu* toutes les expériences d'un porc, réellement *eu* toutes les expériences d'un Socrate et se trouver en outre dans un état de complète neutralité : ni porc, ni Socrate. Alors seulement on pourrait arbitrer sereinement entre elles. Mais il semble qu'on se trouve devant un dilemme.

On ne veut pas seulement, en effet, que l'arbitrage soit impartial ; on veut aussi qu'il soit rationnel : on veut que l'arbitre évalue les expériences humaines et porcines en prenant en compte tous les éléments pertinents, en pesant le pour et le contre, etc. Mais la rationalité requise de l'arbitre risque de le conduire à manquer d'impartialité. Comme le remarque P. Singer[1], la possession de la rationalité apparente plus l'arbitre à un être humain qu'à un porc. Il risque donc d'être enclin à favoriser celle des deux vies qui manifeste, comme la sienne, les attributs de la rationalité.

Si d'un autre côté, on exige de l'arbitre une neutralité absolument irréprochable, il ne doit rien rester du tout de sa vie mentale qui évoque la vie mentale d'un porc ou qui évoque la vie mentale d'un être humain. Mais dans ce cas, *qui* restera-t-il pour arbitrer ? Comme le note D. DeGrazia :

> Reste-t-il assez d'un moi – et, en fait, reste-t-il seulement un moi – pour opérer la comparaison ?[2].

En somme, le dilemme est le suivant : ou bien on a un moi assez « épais » pour qu'il arbitre de façon rationnelle, mais son « épaisseur » même risque de le rendre partial. Ou bien on exige que l'arbitrage soit rigoureusement impartial : mais alors il ne reste plus de moi assez « épais » pour se prononcer.

---

1. P. Singer, *Practical Ethics*, Cambridge, Cambridge University Press, 1993[2], p. 106.
2. D. DeGrazia, *Taking Animals Seriously. Mental Life and Moral Status*, Cambridge, Cambridge University Press, 1996, p. 243.

Bref, nous ne pouvons plus envisager aussi « naïvement » que Plutarque d'échanger conditions humaines et conditions animales, parce que nous sommes devenus beaucoup plus attentifs que lui aux conditions qui permettent à un moi de se constituer et de perdurer.

Mais, en fait, Plutarque est-il si naïf ? La situation qu'il donne à imaginer est, bien entendu, subversive, mais jusqu'à un certain point seulement. En effet, son propos se déploie sur le mode suivant : « Vous croyiez que les hommes sont supérieurs aux bêtes ? Eh bien, pas du tout ». Mais il s'agit simplement de permuter, le temps d'un paradoxe, la place des uns et des autres au sein d'une hiérarchie dont tout le monde sait bien qu'elle restera fondamentalement inchangée. On pourrait même soutenir, paradoxe contre paradoxe, que procéder comme fait Plutarque c'est, très profondément, réaffirmer la différence immémoriale entre animalité et humanité. Bien plus inquiétantes sont les choses lorsque c'est effectivement que cette différence se brouille. D. Lestel fait l'inventaire de ces situations de vertige sur lesquelles les catégories habituelles semblent ne plus avoir de prise[1] : cas des enfants sauvages ; découvertes des peuples primitifs et des grands singes anthropoïdes ; réalisation d'automates qui semblent à ce point mimer[2] le comportement des bêtes que l'on ne voit plus bien ce qui les sépare.

Dans le prolongement de ce dernier exemple, on pourrait noter que, par le biais des biotechnologies, celles-ci pouvant opérer aussi bien sur le monde sérieux que ludique, l'emprise humaine sur l'animal est devenue telle qu'on n'a plus affaire de ce côté-là qu'à une plasticité pratiquement illimitée. Ainsi, l'animalité ne renvoie plus à la figure de l'altérité, comme elle a toujours fait : elle ouvre sur une absence radicale de limites

---

1. D. Lestel, *L'animalité. Essai sur le statut de l'humain*, « Optiques Philosophie », Paris, Hatier, 1996, chap. i.

2. On a presque envie d'écrire « singer ».

assignables, de telle sorte que le défi de Plutarque apparaît bien innocent. On peut prendre exemple, comme Gryllos le suggère à Ulysse, sur la renarde de Telmesse, à la rigueur sur la truie de Cromnyon ; c'est tout aussi honorable que de prendre exemple sur la Sphinge de Phicius et sur la dragonne qui combattit en tête à tête contre Apollon pour la suprématie de l'oracle de Delphes. Mais ce bestiaire n'est plus le nôtre : nous lui en avons substitué un autre, pas moins fantastique en son genre, mais beaucoup moins édifiant. Ainsi, en quoi Dolly, la brebis obtenue par clonage de cellules prélevées sur un mammifère adulte était-elle exemplaire ? Qui aurait voulu s'identifier à elle ? Personne, bien entendu, au point qu'on en a été réduit à adopter, dans l'urgence, les mesures les plus appropriées pour interdire qu'on agisse envers les êtres humains comme on a agi envers elle : bel exemple de violation de la Règle d'Or, et même de la Règle d'Argent[1]. Quant aux animaux atteints de l'ESB, ils ne manifestent aucune fureur sacrée, ne sont même pas porteurs de cet enseignement dérisoire selon lequel les bêtes sans raison peuvent aussi perdre la raison ; ils attestent simplement de cette évidence et de cette impuissance : aucun décideur responsable, comme ils le sont tous, n'a voulu cela, et pourtant c'est arrivé.

Mais à supposer même que l'on cherche un point d'ancrage ferme au milieu de toute cette confusion, que l'on tente de se référer à une essence stable de l'animalité, susceptible de faire l'objet d'une enquête rationnelle, on s'aperçoit bien vite que les choses ne sont pas aussi simples qu'on souhaiterait. Il n'est pas difficile de comprendre pourquoi : les usages les plus communs, les moins investis d'intentions philosophiques explicites, révèlent que l'on peut employer, et que l'on emploie en fait le terme « animalité » de deux façons

---

1. La Règle d'Or commande de faire aux autres ce qu'on voudrait qu'ils nous fassent ; la Règle d'Argent commande de ne pas faire aux autres ce qu'on ne voudrait pas qu'ils nous fassent.

très différentes. D'une part, l'animalité est « l'ensemble des qualités ou des facultés qui sont les attributs des êtres composant le règne animal »[1]. Il y aurait, bien sûr, beaucoup à dire à propos de la distinction entre règne animal et règne végétal, mais l'idée est claire. L'animalité renvoie ici à un domaine dont les êtres humains font indiscutablement partie. Dans cette perspective, cela a un sens de parler des chats et des baleines comme d'animaux non-humains[2]; toute une série de caractères anatomiques et chromosomiques permettent de préciser les affinités entre les hominidés; *homo sapiens sapiens* peut être rattaché, dans l'arbre phylétique des primates, à un rameau qui a commencé à se distinguer, dès la fin du tertiaire, avec l'australopithèque. Mais, d'un autre côté, le terme désigne aussi la condition ou le statut des animaux qui ne sont pas humains. Or, un examen, même cursif, des usages du terme ainsi compris révèle que cette condition est décrite sur le mode de la privation : l'animal est, selon le cas, sans langage, sans culture, sans institutions, sans outils, sans raison, sans représentation de la mort, sans religion, sans interdits, sans intériorité; il ne connaît pas la station verticale, le travail, la temporalité, le jeu, le détour permettant un accès libre aux choses et aux êtres. Bref, tel l'homme sauvage d'après Rousseau, il se caractérise par la somme de toutes les propriétés qui lui font défaut[3]. C'est pourquoi on est tenté de donner crédit au jugement de Fl. Burgat, selon lequel la « soi-disant essence de

1. E. Littré, *Dictionnaire de Médecine, de Chirurgie, de Pharmacie, de l'Art vétérinaire et des sciences qui s'y rapportent*, Paris, Baillière, 1886[16], p. 74.

2. Et semblablement des phalènes du bouleau ou des tipules, bien que nos habitudes mentales et linguistiques rendent cela plus difficile que dans le cas de mammifères ou même simplement de vertébrés.

3. Rousseau met explicitement en rapport « l'état de l'animal en général » et celui de « la plupart des peuples sauvages » (« Discours sur l'origine et les fondements de l'inégalité » dans *Œuvres Complètes*, III, Paris, Gallimard, 1964, p. 140-41).

l'animalité est déduite d'une privation de tous les attributs…
qui sont censés caractériser l'humain; aucun d'entre eux ne
saurait être véritablement attribué à l'humain s'il n'est en
même temps refusé à l'animal. Aussi l'animalité apparaît-elle
comme le substrat sans qualités à partir duquel peut se dire la
spécificité de l'humain »[1]. La lecture d'une analyse exemplai-
rement philosophique du mode d'être de l'animal semble
conforter un tel scepticisme. Il s'agit du cours de 1929-1930[2]
où Heidegger, traitant de la question: «Qu'est-ce que le
monde?», va être amené à s'interroger sur le type de rapport
au monde qui serait celui des animaux.

L'ANIMAL « PAUVRE EN MONDE »

On n'insistera pas sur le style véritablement hypnotique de
cet auteur; sur sa reformulation lancinante de questions qui
sont les mêmes, sans l'être, tout en l'étant; sur ses sempi-
ternelles mises en garde contre les bévues de l'entendement
commun; sur le caractère approximatif de certaines de ses
affirmations, avancées cependant avec la plus parfaite assu-
rance. On admettra, ce qui est l'évidence même, qu'il s'agit
d'une contribution majeure à la question de l'animalité.

Heidegger, en effet, veut articuler une thèse absolument
universelle, relative à l'être même de l'animal comme tel et
qui ne vaut pas seulement pour les mammifères ou pour les
insectes: «elle concerne aussi les animaux dépourvus de
membres par exemple, les animaux unicellulaires, les amibes,
les infusoires, les oursins, etc. – *tous* les animaux, *chaque*

---

1. «L'animal dans nos Sociétés. Problèmes politiques et sociaux », Paris,
La Documentation française, janvier 2004, n° 896, p. 110.
2. *Les Concepts fondamentaux de la métaphysique, Monde-finitude-
solitude*, Paris, Gallimard, 1992, p. 255-525.

animal »[1]. En outre, il s'agit d'établir que l'animal est pauvre en monde là où la pierre n'a pas de monde et où l'homme est configurateur de monde. Mais il est explicitement déclaré qu'il ne faut pas comprendre cette affirmation comme si elle signifiait simplement que « l'animal a moins de monde par comparaison à l'être humain »; il est même précisé qu'une telle pauvreté est « malgré tout une richesse »[2]. En d'autres termes, il n'est pas question, officiellement, de faire de l'animal un moindre être humain, un prototype inachevé ou une ébauche de celui-ci. En ce sens, l'entreprise semble plus radicale que celle de Husserl, lequel admet, au bout du compte, que même les animaux domestiques ont vraiment une « personnalité humaine quoique bien inférieure »[3], parce qu'incapable de se développer au-delà de ses débuts. Ceci s'explique sans doute par une différence dans l'approche même de la question : là où Husserl admet quelque chose comme une empathie par laquelle se constitue l'expérience des autres, y compris ces autres que sont les bêtes, Heidegger affirme que, incapables de savoir immédiatement ce qui se passe dans l'animal et ce qui ne s'y passe pas, nous pouvons « néanmoins acquérir médiatement une certitude métaphysique sur l'être-animal »[4]. Mais qu'entendre par là ? Il est notoire que la définition de la métaphysique par Heidegger est quelque chose d'assez difficile à saisir. Le cours de 1929-1930 est placé sous le parrainage d'une formule de Novalis selon laquelle la philosophie est essentiellement nostalgie, aspiration à être partout chez soi. Selon la lecture qu'Heidegger en donne, cela signifie que la métaphysique est liée à l'élaboration et à la construction de concepts d'une nature absolument originale, en ce que leur compréhension est sous-tendue par l'exigence de se trouver, à

---

1. *Les concepts fondamentaux de la métaphysique*, *op. cit.*, p. 279.

2. *Ibid.*, p. 392 et 372.

3. « Le monde et nous. Le monde environnant des hommes et des bêtes », (trad. R. Brandmeyer et *al.*), *Alter*, 1995 (3), p. 203.

4. *Qu'est-ce qu'une chose ?*, Paris, Gallimard, 1971, p. 228.

tout moment et en entier, chez soi. Le métaphysicien est toujours appelé par quelque chose en tant qu'entier. Ce « en entier » est le monde. C'est pourquoi la question métaphysique absolument principielle est la suivante : « Qu'est que cela – le monde ? »[1]. Toute la démarche est conditionnée par l'interrogation suivante : « De quoi est-il question lorsqu'il est question de monde ? ». En premier lieu, le monde est l'accessibilité de l'étant, c'est-à-dire l'accessibilité à ce qui est. En ce sens, l'animal, quel qu'il soit a bien accès à de l'étant, quelque chose se manifeste à lui. Mais se transposer en ce lézard qui se chauffe au soleil sur une pierre, n'est pas possible si l'on entend par là chercher à savoir ce que cela fait d'être ce reptile qui se chauffe sur cette pierre. Se transposer en un animal est simplement l'accompagner (*Mitgehen*), vivre avec lui, mais non être à sa manière. Il n'en est pas de même pour la pierre sur laquelle se chauffe le lézard : non seulement la question de savoir ce que cela fait d'être cette pierre ne peut même pas être posée, mais rien ne se manifeste jamais à elle. Que quelque chose se manifeste à *X* est une condition nécessaire pour savoir ce que cela fait d'être *X*. Mais ce n'est pas une condition suffisante. La façon dont l'étant est accessible aux animaux permet d'être en chemin à leurs côtés, pas d'avoir une expérience en première personne qui soit comparable à la leur.

En effet, le monde est aussi l'accessibilité de l'étant comme tel et en entier[2]. Le lézard qui se chauffe au soleil sur une pierre a bien accès à de l'étant. Mais la pierre ne lui est pas accessible en tant que pierre et encore moins en tant que quelque chose qui se rattacherait à l'entièreté de l'étant. En un sens minimal, cela signifie que, de même que l'abeille connaît la couleur et l'odeur des fleurs qu'elle butine, mais pas le nombre de leurs étamines ou de leurs feuilles[3], de la même

---

1 . *Les concepts fondamentaux de la métaphysique*, *op. cit.*, p. 22.

2 . *Ibid.*, p. 412.

3 . *Ibid.*, p. 288.

façon, le lézard ne connaît pas la pierre sur laquelle il se chauffe comme un objet géologique. Mais, en un sens plus relevé, cela veut sans doute dire également que l'animal ne répond pas à la vocation de l'être en entier, qu'il n'éprouve pas la nostalgie consistant à vouloir être partout chez soi. La pauvreté en monde du lézard est donc liée au mode d'accès à l'étant qui est le sien. Ce n'est pas que ce mode d'accès manifeste une quelconque déficience, au contraire. C'est plutôt que, trop peu distancié, il permet à l'animal de se comporter au sein de l'étant, mais pas de tenir un rapport avec lui, c'est-à-dire d'agir. Ainsi, l'abeille est « simplement prise par la nourriture »[1]. C'est une pensée du vivant en général, de l'organisme en particulier, qui justifie, ultimement, une telle affirmation. Ce qui caractérise, en effet, les animaux, c'est qu'ils sont des vivants. À ce titre, des possibilités comme « voir, entendre, sentir, tâter »[2] ou bien comme « nutrition, développement, hérédité, locomotion, lutte avec l'ennemi »[3] se réalisent en eux. Elles le font par le truchement des organes ; ainsi l'œil, ou tout autre organe permettant de « voir », pour la vue, etc. Une possibilité et son organe constituent une aptitude. En tout organisme se rencontre, par ailleurs, une unité particulière : préréflexive et antérieure à toute vie personnelle, elle se manifeste sur le mode de l'appropriation à soi. Il s'agit d'une vieille idée stoïcienne, mais remaniée en profondeur. Heidegger la formule de la sorte :

> L'être auprès de soi spécifiquement animal (qui n'a rien à voir avec l'identité à soi de l'être humain se conduisant en tant que personne) cet être-pris de l'animal en lui-même qui rend

1. *Ibid.*, p. 353, Heidegger fait allusion au fait, connu de lui par l'œuvre de J. von Uexküll, qu'une abeille dont l'abdomen a été sectionné, peut continuer à aspirer du miel qui s'écoule alors d'elle.

2. *Ibid.*, p. 321.

3. *Ibid.*, p. 341.

possible tout comportement (*Benehmen*), nous le caractérisons comme accaparement (*Benommenheit*)[1].

Le comportement animal résulte donc d'aptitudes qui se manifestent en prenant la forme de l'activité pulsionnelle ou de la poussée. Il est, à première vue, orienté vers un but. Mais il vaudrait mieux dire que le comportement est intégralement commandé par la levée d'inhibitions, levée qui permet l'orientation et l'effectuation de la poussée primitivement indissociable de l'organisme. D'une part, l'animal est encerclé « par la compulsion de ses pulsions »[2]. Mais d'autre part cet encerclement est « en soi, une ouverture à ce qui lève l'inhibition ». Au total, l'animal est entouré d'un « *cercle de désinhibition* dans lequel est inscrit d'avance ce que son comportement peut rencontrer comme incitation »[3]. C'est pourquoi Heidegger peut exprimer de façon (inhabituellement) concise ce qu'est l'essentiel de son analyse : « l'essence de l'animalité (accaparement-encerclement) »[4]. Il est intéressant de remarquer que, attentif aux travaux de certains biologistes de son temps, Heidegger ne commet pas la naïveté consistant à s'imaginer que l'accaparement-encerclement, lequel signe bel et bien la condition animale, se manifeste de la même façon pour toutes les espèces animales : il affirme au contraire de la façon la plus claire que l'accaparement est « entièrement différent dans chaque espèce animale »[5]. Mais s'il y a bien à ses yeux une pluralité de « mondes animaux », cette pluralité s'estompe devant un commun « *retrait de toute possibilité de percevoir quelque chose comme étant quelque chose*, et : dans ce retrait précisément, *être entraîné par…* »[6].

1. *Ibid.*, p. 348.
2. *Ibid.*, p. 371.
3. *Ibid.*
4. *Ibid.*, p. 402.
5. *Ibid.*, p. 360.
6. *Ibid.*, p. 361.

Cette façon d'envisager les choses va avoir, on s'en doute, toutes sortes de conséquences relatives à la condition animale et au statut éthique des bêtes. Soit la question de la mort, dont on sait à quel point elle est essentielle chez le Heidegger de cette période. Il se prononce de la sorte :

> La mort de l'animal, est-ce *mourir* ou bien *arriver à la fin* (*ein* Sterben *oder ein* Verenden)? L'accaparement fait partie de l'essence de l'animal. C'est pourquoi celui-ci ne peut pas mourir mais seulement arriver à la fin, pour autant que nous attribuions à l'homme le fait de mourir[1].

Prise au pied de la lettre, cette affirmation implique que l'énoncé :

I) *le petit chat est mort*

est un anthropomorphisme, si on entend par « anthropomorphisme » l'erreur consistant à (se) représenter ce qui n'est pas humain en des termes qui conviennent uniquement à ce qui est humain. L'énoncé :

II) *le petit chat est parvenu à sa fin*

ne serait guère plus satisfaisant en ce qu'il suggérerait qu'un petit chat est titulaire de quelque chose comme une identité personnelle, ce que Heidegger conteste formellement. Si elle voulait trouver grâce aux yeux de Heidegger, l'Agnès de *L'école des Femmes* devrait donc dire :

III) *le petit chat est parvenu à la fin*.

On aurait tort de déceler là un souci maniaque de la précision. Car il s'agit, en réalité, d'une conséquence directe de la façon dont Heidegger caractérise l'être animal. D'une certaine façon, il n'a pas cessé d'affirmer que l'organisme est un support d'aptitudes dont la permanence ne saurait se maintenir indéfiniment. Pour le dire en ses propres termes : « il n'y a que ce qui est apte et le reste qui vit. Ce qui n'est plus apte

---

1. *Ibid.*, p. 387.

ne vit plus, qu'il soit fait ou non usage de l'aptitude »[1]. La mort d'un animal correspond donc seulement au fait qu'il ne soit plus apte à rien, au fait que les aptitudes qui le poussaient à se comporter se soient définitivement retirées.

Du même coup, on comprend mieux pourquoi, au bout du compte, il y a quelque chose d'insatisfaisant dans le propos heideggerien. Il lui arrive, à plusieurs reprises d'assimiler l'être-animal et l'être vivant. Ainsi : « Sa *manière d'être*, que nous appelons la "vie"… »[2] et encore : « l'aptitude fait partie de *l'être réel* de l'animal, de *l'essence de la vie* »[3]. Mais à assimiler l'être-animal et l'être vivant, Heidegger se retrouve dans une situation de dilemme plutôt inconfortable. Car les végétaux sont eux aussi des vivants pourvus d'organes, au moyen desquels certaines aptitudes viennent s'insérer dans la réalité. Sont-ils, dès lors, pauvres en monde à la façon dont les animaux le sont ? Si oui, c'est que le monde leur est accessible : il y a une manifesteté de l'étant qui leur est propre. On peut alors se transposer en eux et se demander en quoi nous faisons compagnie. Mais si une telle transposition est possible, alors n'importe quelle transposition le devient. On peut se demander en quoi nous faisons compagnie avec ce menhir dans la lande ; ou avec cette formation calcaire dans le massif des Bauges ; ou avec la station de métro « Rue du Bac » ; ou avec un grille-pain ; ou bien avec tout ce qu'on veut. Sinon, c'est que la manifesteté de l'étant propre à l'animal n'est pas liée au fait que ce dernier est un être vivant, sans plus, mais qu'il est un être vivant capable, d'une façon ou d'une autre, de représentations. Mais Heidegger est extrêmement réticent à concéder une telle chose : l'animal « perçoit » sans jamais réellement percevoir. Très éclairante à cet égard est la formule : « Il n'y a pas de perception, mais bien un *comportement* (*kein*

1 . *Ibid.*, p. 344.
2 . *Ibid.*, p. 295.
3 . *Ibid.*, p. 344.

Vernehmen, sondern ein Benehmen), une activité pulsionnelle, que nous devons comprendre de cette manière parce qu'à l'animal est prise la possibilité de percevoir quelque chose comme étant quelque chose »[1]. La thèse sous-jacente à une telle formule est, semble-t-il, la suivante : percevoir *X*, c'est non seulement se comporter de façon appropriée relativement à *X*, mais avoir la représentation de *X* comme *X*. Ainsi, il ne suffit pas qu'une abeille se détourne d'une fleur artificielle et aille butiner une fleur naturelle pour que l'on puisse dire qu'elle a perçu tout ce qu'il y avait à percevoir : il faudrait encore qu'elle perçoive la fleur artificielle *comme* artificielle et la fleur naturelle *comme* naturelle. Cela ne semble pas possible au philosophe de Fribourg. Au fond, il devrait procéder pour la perception comme il a procédé pour la mort et tenir pour un anthropomorphisme tout énoncé du genre :

IV) *l'abeille perçoit l'odeur de la fleur.*

Il devrait également proposer un équivalent non-anthropomorphique de (IV). En réalité c'est ce qu'il fait lorsqu'il dit que l'abeille qui retrouve sa ruche (ou plutôt « la ruche »…) « est *simplement livrée* au soleil et à la durée du trajet initial, *sans saisir ces choses comme telles* ni sans les utiliser pour réfléchir »[2].

C'est pourquoi, malgré la révérence professée à l'endroit de von Uexküll, Heidegger ne se montre pas très intéressé[3] par le fait que ce dernier envisage le comportement animal comme porteur de signification. Au total, Heidegger ne peut soutenir la thèse de la pauvreté en monde de l'animal que parce qu'il rabat, pour dire les choses rapidement, l'animalité sur la

1. *Ibid.*, p. 361.
2. *Ibid.*, p. 360.
3. Contrairement à Merleau-Ponty une vingtaine d'années plus tard ; « Le Concept de nature, 1957-1958. L'animalité, le corps humain, passage à la culture » dans *La Nature. Notes, cours du Collège de France* (établi et annoté par D. Ségaud), Paris, Seuil, 1995, p. 220-34.

vitalité. Mais une telle façon de faire est tellement maladroite et conduit si visiblement au dilemme qui vient d'être évoqué que le lecteur est en droit de se demander ce qu'Heidegger a voulu faire au juste dans ces cours de 1929-1930. Il semble qu'en fait la thèse de la vitalité animale soit là pour annuler la thèse de l'accessibilité du monde, de telle sorte que les deux doivent se lire successivement et que l'ordre dans lequel elles sont énoncées soit capital à leur compréhension : dans un premier temps, Heidegger concède que l'animal a bel et bien accès au monde ; mais la vitalité se manifeste en l'animal d'une façon tellement impérieuse que cette accessibilité lui est, au bout du compte, dissimulée. Selon Heidegger, l'animal est trop vivant pour que l'étant lui apparaisse en tant que tel et dans sa totalité, c'est-à-dire pour qu'il lui apparaisse comme problématique. Il est intéressant à cet égard de se reporter à certaines remarques de *Kant et le problème de la métaphysique*. Heidegger porte au crédit de Kant le fait d'avoir, pour la première fois, articulé « un concept ontologique et *non sensualiste* de la sensibilité »[1]. Les considérations qui justifient ce jugement méritent d'être mentionnées. Pour Kant, un objet ne peut être donné qu'à la condition d'affecter l'esprit d'une certaine manière. Mais ce n'est vrai – et Heidegger insiste sur le fait que cette incidente n'apparaît que dans la seconde édition de la *Critique de la raison pure* – qu'au « moins pour nous autres hommes ». Il s'agit de l'opposition bien connue entre l'entendement humain, irrémédiablement discursif, et un entendement plus qu'humain, susceptible d'avoir accès aux choses par une intuition supra-sensible. Mais on peut formuler les choses autrement et envisager la question en comparant la sensibilité humaine avec la sensorialité animale. Là où celle-ci inscrit et insère des aptitudes dans un monde auquel elle ménage un accès par le fait même, la situation est bien différente « pour nous autres ». C'est parce que notre existence est

---

1 . *Kant et le problème de la métaphysique,* Paris, Gallimard, 1953, p. 87.

finie qu'elle doit offrir à l'étant la possibilité de s'annoncer : « des organes sont nécessaires pour que cette annonce puisse se transmettre »[1]. La sensorialité animale est porteuse d'aptitudes, la sensibilité humaine est indice de finitude. C'est toujours la même idée qui est ici déclinée selon un autre mode : la vitalité à l'œuvre en l'animal lui ouvre un accès au monde, aussitôt obturé par la puissance même de cette vitalité. En l'être humain, une telle adhérence à ses propres processus vitaux n'existe pas : c'est un des sens que peut recevoir la célèbre formule selon laquelle l'homme est un être pour la mort.

Mais peut-on dire que tous les animaux, y compris ceux que von Uexküll tient pour des animaux supérieurs, sont des manifestations équivalentes d'une catégorie unique : l'animalité ? Il semble qu'un certain nombre de distinctions, pourtant significatives, n'aient pas été prises en compte.

Ici, le traitement réservé à Darwin peut suggérer une piste. Heidegger se montre, dans tout son cours, généralement bien informé des travaux de certains biologistes, naturalistes et spécialistes de la psychologie animale. Mais lorsqu'il lui arrive de mentionner Darwin, ou plutôt le darwinisme, c'est de façon dépréciative : l'organisme y serait conçu comme une unité fermée sur elle-même qui se trouverait, de surcroît, en relation avec un milieu ambiant stable, l'adaptation résultant de cette mise en relation ; de la sorte, le mode d'ouverture et la relation que l'animal entretient avec son milieu seraient négligés. De toute évidence, il s'agit là d'un darwinisme plutôt sommaire. Mais il est intéressant de noter que si le « darwinisme » de la sélection naturelle est simplifié jusqu'à la caricature, le darwinisme de *L'expression des émotions chez l'homme et les animaux* est purement et simplement ignoré. Le

---

1. *Ibid.*, p. 87.

naturalisme franchement affiché dans cet ouvrage[1] ne peut manquer d'indisposer le penseur du *Dasein*. Plus profondément, l'idée qu'il pourrait exister une commune expressivité chez l'homme et chez l'animal est d'une importance capitale, que Heidegger semble avoir minimisée.

DE L'ANIMALITÉ AU STATUT ÉTHIQUE DE L'ANIMAL

Plutôt que de se mettre en quête d'on ne sait trop quelle essence de l'animalité, il serait peut-être possible d'aborder la question par un autre biais. C'est un fait que nous, les êtres humains, vivons en compagnie de toutes sortes d'animaux; c'est un fait également que la façon dont nous les détenons, les utilisons, les conservons en vie ou les mettons à mort semble, à la réflexion, plutôt problématique. Cet état de fait nous invite donc à nous demander ce qu'il en est du statut éthique de l'animal. Or, depuis bientôt un quart de siècle, la question a été largement débattue par les philosophes du monde anglophone. Cela peut sembler, à première vue, assez curieux : à cause des enjeux affectifs, politiques, économiques et symboliques qu'elle comporte, cette question a tout de la question de « société ». En conséquence, on s'attendrait à la voir abordée de façon plutôt polémique dans des essais où s'exprimeraient, en fonction de leurs humeurs, les pour et les contre. Mais le débat intellectuel n'est pas articulé outre-Manche, outre-Atlantique (et même outre-Pacifique) de la même façon qu'à Paris. L'écrivain engagé, jouant volontiers les redresseurs de torts n'y est pas une figure très populaire; en contrepartie, la philosophie sociale et l'éthique appliquée y sont des

1. « La théorie de l'expression confirme dans une certaine mesure la conception qui fait dériver l'homme de quelque animal inférieur », *L'expression des émotions chez l'homme et les animaux*, Paris, Reinwald, 1890[2], p. 393.

disciplines académiques reconnues. C'est pourquoi on a pu voir des revues philosophiques de haut niveau publier des numéros spéciaux sur l'animal, le droit des animaux ou la valeur intrinsèque de la Nature. Dans le même temps, des collections universitaires souvent prestigieuses accueillaient des titres sur le même sujet. Quels sont les enjeux philosophiques de ce débat ?

On s'y réfère souvent en employant l'expression, plutôt équivoque, de « droit des animaux ». Admettons, provisoirement, qu'il en soit ainsi. Deux métaphores célèbres sont propres à introduire au concept de droits. Dworkin a comparé un droit à un atout, c'est-à-dire à une carte de la couleur qui l'emporte sur les autres, quelle que soit la valeur de ces dernières. Mais, qui dit règles du jeu, dit jeu ; et celui auquel pense notre auteur est le suivant : maximiser le solde positif des satisfactions par rapport aux insatisfactions des membres d'une équipe. Il s'agit de parvenir à un solde positif aussi élevé que possible : que les uns soient avantagés et les autres désavantagés dans la distribution du surplus de satisfactions n'entre pas en ligne de compte (il s'agit d'un jeu éminemment collectif). Dworkin propose donc d'instaurer une règle supplémentaire permettant à chacun, en posant un droit sur la table, de mettre fin à une séquence de jeu qui tournerait à l'avantage de l'équipe mais qui le laisserait, lui, par trop désavantagé. Un droit apparaît donc comme un avantage qui met son titulaire à l'abri d'une situation défavorable. Une idée analogue apparaissait déjà chez Locke qui emploie l'image de la barrière protectrice : la liberté, ou le droit à la liberté, est un périmètre de protection érigé autour de l'individu cherchant à accomplir son devoir d'autopréservation.

Il semble donc bien que les droits soient, à tout le moins, des instances de protection. Protéger les sujets contre la toute-puissance divine de leurs rois, protéger les individus contre les effets dommageables pour eux de la recherche du plus grand bien du plus grand nombre, telle est leur finalité première.

Dans ces conditions, pourquoi les animaux ne bénéficieraient-ils pas de droits, eux aussi ? Certains présentent même une telle revendication comme l'étape ultime de la démocratisation des droits dont on a admis initialement que les titulaires pléniers étaient les individus blancs, adultes, de sexe masculin pour les étendre ultérieurement aux femmes, aux enfants, aux noirs, aux générations futures, etc. En ce sens relativement inoffensif, accorder des droits aux animaux reviendrait à leur accorder une protection supplémentaire et non à en faire d'authentiques sujets de droits, c'est-à-dire des personnes juridiques titulaires également d'obligations (comme on feint quelquefois de le croire pour discréditer la revendication en question). Présenter le débat autour des « droits de l'animal », c'est donc présenter les arguments de ceux qui pensent que la question de leur protection importe aux philosophes et pas seulement aux zootechniciens, aux vétérinaires, aux ingénieurs agronomes ou aux âmes sensibles. Il suffit, pour montrer que cette question n'est ni triviale, ni insignifiante, de la reformuler de la sorte : « Quelles sont les responsabilités des êtres de liberté envers les êtres de nature ? ».

Mais ici, il faut distinguer : le règne animal est très vaste ; ses frontières sont parfois indécises ; les taxonomies savantes et les taxonomies populaires se recoupent rarement ; à menace égale, certains animaux trouveraient plus de défenseurs de leurs droits que d'autres – sans doute en raison de toutes sortes d'identifications anthropomorphiques. Un point de départ, moins naïf qu'il ne semble à première vue, consiste à mettre d'un côté les animaux domestiques et de l'autre les animaux sauvages. Ce ne sont pas les mêmes menaces qui pèsent sur les uns et sur les autres du fait de l'agir humain, et donc pas les mêmes protections qui sont requises. Les premiers peuvent être surexploités, manipulés, instrumentalisés *à titre individuel* ; les seconds se meuvent dans un monde ambiant, dans un milieu qui n'est, en principe, ni façonné ni organisé par l'homme. Ces animaux également peuvent être menacés à titre individuel, du fait d'actions humaines intentionnelles (ils peuvent être capturés, chassés, piégés, etc.); mais ils peuvent aussi être menacés du fait d'actions qui ne sont pas spécialement dirigées contre eux (mise en culture de leur habitat, pollutions diverses, etc.). Bien souvent, ils exhibent des formes de vie trop peu semblables à la nôtre ou trop infimes pour que leurs souffrances nous émeuvent; mais la destruction de l'*espèce* à laquelle ils appartiennent est spontanément perçue comme une perte.

En un mot, ce qui est menacé dans le cas des animaux domestiques, c'est leur animalité, en tant qu'elle est suffisamment individualisée pour évoquer notre humanité; et dans le cas des animaux sauvages, c'est leur sauvagerie, en tant qu'elle est assez intacte pour évoquer la nature pristine. Les enjeux philosophiques ne sont pas les mêmes dans l'un et l'autre cas.

LES ANIMAUX DOMESTIQUES, INDIVIDUELLEMENT MENACÉS

Il faut distinguer ici les auteurs qui raisonnent en termes de droits de l'animal, au sens strict, et ceux qui adoptent une approche utilitariste. Les premiers prolongent, si l'on veut, la grande tradition inaugurée par Locke lui-même; les seconds s'inscrivent dans la perspective ouverte par Bentham.

Lorsqu'on entend parler de droits, au sens strict, dont les animaux seraient titulaires, on a l'impression de se trouver en présence d'une irrémédiable confusion. Une objection de principe consisterait à affirmer qu'on ne saurait être le titulaire d'un droit sans être, corrélativement, soumis à une obligation. Par exemple, qui a le droit de conduire une puissante moto-cyclette a aussi l'obligation de respecter le code de la route; qui a le droit d'employer des salariés a aussi l'obligation de se conformer au code du travail; qui a le droit d'exiger la ponctualité de ses subordonnés a aussi l'obligation d'arriver à l'heure ; et ainsi de suite. Je baptiserai cette thèse : « Qui-a-des-droits-a-aussi-des-devoirs ». Les adversaires de la notion de droits des animaux l'emploient volontiers parce qu'ils raisonnent, implicitement de la façon suivante : qui a des droits a aussi des obligations ; mais on ne peut, en toute rigueur, avoir des obligations que si on possède le concept de conduite obligatoire ; les animaux n'ont pas le concept de conduite obligatoire ; ils n'ont donc pas d'obligations et, par conséquent, pas de droits. Ceci étant, l'inconvénient de la thèse « Qui-a-des-droits-a-aussi-des-devoirs » est sa fausseté : qui a des droits n'a pas nécessairement des devoirs. Il est indiscutable qu'on ne saurait avoir d'obligations si on n'est pas capable de comprendre ce qu'est une obligation. Mais il n'en est pas de même pour les droits : on peut avoir un droit sans comprendre ce qu'est un droit. Les enfants ou les aliénés, par exemple, ont des droits juridiques et moraux qui les protègent sans qu'ils soient pour autant soumis à des obligations correspondantes. Il est vrai que certains droits, les droits-créances, sont corrélatifs d'obligations. Mais les obligations en question ne pèsent pas sur le titulaire de ces droits : elles s'appliquent à ceux qui ont affaire à lui et constituent des restrictions normatives pour *leur* conduite, pas pour la *sienne*.

Toutefois, sans tomber dans une confusion aussi grossière, l'humanisme juridique moderne n'est-il pas une inlassable réaffirmation de la thèse selon laquelle les personnes, et les personnes seulement, sont d'authentiques sujets de droits ? Et cette thèse n'est-elle pas l'expression, en philosophie du droit, de la thèse essentielle de l'humanisme philosophique moderne, lequel ne va peut-être plus jusqu'à affirmer que la personne est une substance individuelle de nature rationnelle, mais qui détecte à tout le moins dans la pensée réflexive l'indice irréfutable de la personnalité. Est une personne l'être pensant et intelligent, ayant raison et réflexion, capable de se considérer soi-même comme le même en différents temps et lieux dont parle Locke; ou encore l'être possédant le Je dans sa représentation dont parle Kant. Revendiquer sérieusement, et non plus à titre d'artifice rhétorique destiné à donner du poids à son propos, des droits pour les bêtes serait donc une véritable erreur de catégorie: les animaux sont incapables de pensée réflexive, ce qu'indique amplement l'incapacité où ils se trouvent de revendiquer, pour eux-mêmes, leurs propres droits.

Toutefois, la pensée réflexive comme telle ne semble pas avoir grand-chose à faire avec la possession de droits. C'est parce qu'elle est une condition pour l'autonomie comme propriété de la volonté d'être à elle-même sa propre loi (Kant) ou pour la liberté comme puissance de l'âme sur les actions humaines (Locke) qu'elle est tellement importante dans cette tradition. La pensée réflexive est, si l'on peut dire, un marqueur ou un indicateur de considération morale: elle signale qu'on est en présence d'un être autonome ou libre, mais c'est la liberté ou l'autonomie qui ont une signification morale. On comprend du même coup ce que sera la stratégie des partisans des droits de l'animal: ils tenteront de montrer que les êtres incapables de pensée réflexive ne sont pas pour autant dépourvus de toute qualité morale. Par conséquent, ils ne songent nullement à faire des animaux des sujets de droits mais des êtres, à tout le moins, susceptibles d'être protégés par le Droit. Mais, objectera-t-on, pourquoi procéder de la sorte? Certes, la revendication de droits pour les animaux n'est pas coupable de la confusion qui semblait initialement s'attacher à elle, mais elle semble redondante. Les animaux sont depuis longtemps protégés par le Droit. Code pénal, code rural, divers arrêtés, décrets, directives et conventions: autant de textes ayant valeur légale contraignante et instaurant des mesures de protection des animaux, sauvages aussi bien que domestiques. La réponse sera la suivante: tous ces textes ont bien pour effet de protéger les animaux; mais ils les protègent souvent pour des raisons indirectes. Il s'agit, par exemple, de procéder à une gestion raisonnable des ressources, de prévenir des trafics, de protéger la santé publique, etc. Si on admettait l'existence de droits des animaux, le Droit ne serait pas attentif seulement à leur (mauvaise) utilisation, mais les protégerait plus souvent pour ce qu'ils sont, c'est-à-dire pour les détenteurs non-rationnels d'une propriété digne d'être mise à l'abri de certaines formes de violence.

Reste à se demander quelle est cette « qualité morale » susceptible de se rencontrer aussi chez les non-personnes et qui en fait des candidats légitimes à la protection du Droit. La question comporte deux volets. Comment va-t-on identifier une telle qualité si elle n'est pas signalée par la pensée réflexive ? Une fois identifiée, en quoi consiste-t-elle au juste ?

Plusieurs auteurs admettent que la présence d'intérêts suffit à indiquer cette propriété. Cela surprend : nous entendons souvent par « intérêt » ce sentiment égoïste qui nous attache à notre utilité particulière ; et nous estimons, à juste titre, qu'une personne intéressée en ce sens est précisément d'une piètre qualité morale. Quelques mots d'explication à propos de la philosophie juridique et morale des philosophes de langue anglaise sont peut-être ici appropriés. Au point de vue moral, les intérêts d'une personne sont souvent définis comme des éléments identifiables de son bien-être ou de son bien[1]. L'identification du bien-être et du bien dans cette formule indique à l'évidence que le bien-être n'est pas un simple sentiment subjectif d'aise, de satisfaction ou de confort : une personne réalise son bien-être lorsqu'elle a développé à un haut degré ses capacités ou ses potentialités essentielles. Par ailleurs, tout le droit de la responsabilité civile extracontractuelle (*Law of Torts*) repose sur l'idée qu'une conduite est dommageable lorsqu'elle constitue une ingérence contre la personne, la propriété, la réputation et les avantages commerciaux ou sociaux d'autrui ; bref, contre des éléments

---

1. Cette définition est de J. Feinberg, *Freedom & Fulfilment. Philosophical Essays*, Princeton, Princeton University Press, 1992, p. 4.

identifiables de ses intérêts. Enfin, toute une tradition hostile à la notion de droits moraux a cherché à donner un contenu minimal à la notion de droits. Pour ce faire, elle a procédé par analogie avec les droits légaux qu'elle définit comme des intérêts individuels juridiquement protégés. Dans la philosophie juridique de langue anglaise, l'analyse qui réduit les droits subjectifs à la protection d'intérêts individuels est connue sous le nom de *Benefit-Theory* ou de *Interest-Theory*. Elle consiste essentiellement à affirmer qu'un droit juridique est « l'attente légale de l'accomplissement d'une obligation légale, destinée à procurer un bénéfice au titulaire de ce droit »[1]. Bien entendu, il n'est pas question d'identifier par là les droits et les intérêts : une des fonctions de toute théorie des droits est justement d'identifier, parmi des intérêts en compétition, celui qu'il est légitime de reconnaître comme un droit. Mais certains auteurs donnent à la notion d'intérêt une importance toute particulière : lorsqu'ils cherchent à fonder des droits de l'animal sur l'existence d'intérêts manifestés par les animaux, ils ne se comportent pas du tout en excentriques; bien au contraire, ils s'inscrivent dans le droit fil de cette tradition en philosophie morale et juridique.

En quoi les intérêts consistent-ils au juste ? Et qui est susceptible d'en manifester ? Il est difficile de traiter ces deux questions séparément. Ainsi, le juriste et philosophe J. Feinberg est surtout préoccupé par un problème conceptuel : quel genre d'entité peut-elle être, du point de vue de la logique du discours juridique, titulaire de droits ? Feinberg est, fondamentalement, un partisan de la *Choice-Theory* en matière de droits. Il estime, pour dire les choses brièvement, qu'un droit n'a pas seulement pour finalité de conférer un bénéfice à

---

1. M. Freeden, *Rights*, Milton Keynes, Open University Press, 1991, p. 19. Il est caractéristique que J. Bentham, dont les réticences à l'égard des droits sont notoires, soit généralement identifié comme le premier à avoir articulé une telle théorie.

quelqu'un, ou de protéger ses intérêts. Avoir un droit, c'est exercer un contrôle exclusif et souverain sur les actions de ceux qui sont dans l'obligation corrélative de se comporter d'une façon déterminée. Ainsi, un créancier peut choisir de libérer son débiteur ; si le débiteur ne s'acquitte pas de sa dette, le créancier peut encore choisir d'entreprendre une action en justice ou de s'en abstenir, etc. On retrouve là une conception classique, selon laquelle le droit énonce l'ensemble des conditions sous lesquelles l'arbitre de l'un peut être uni à l'arbitre de l'autre. Mais si les droits d'un authentique sujet de droits sont les droits pléniers d'un être capable de choix, il n'est pas absurde de considérer que des droits plus limités s'attachent aux êtres qui manifestent seulement des intérêts. Il suffit, pour cela, d'être capable d'une vie «conative». L'emploi de cette expression indique que Feinberg se réapproprie une pensée classique. Quel que soit le sens exact que l'on donne au terme *conatus*, il ne désigne certainement pas un acte de liberté, au sens où cet acte serait le résultat d'un choix. Diogène Laërce (*Vie, Doctrine et Sentences*, VII, 85), exposant la thèse des stoïciens Chrysippe et Zénon, affirme que l'animal tient de la *nature* l'affection qui lui fait fuir ce qui lui nuit et rechercher ce qui lui convient ; Cicéron (*Des Biens et des Maux*, III, 5, § 16) présente comme typiquement stoïcienne la thèse selon laquelle l'être vivant manifeste comme un don de la *nature* l'attachement à sa propre constitution et la crainte d'être anéanti. Le point essentiel est le suivant : le *conatus* est d'abord l'effort inlassable par lequel l'être s'efforce de persévérer dans son être. Mais les stoïciens, ou du moins ceux qui exposent leurs thèses, refusent de considérer que la vie végétale manifeste une dimension conative. La tendance à la préservation de soi-même ne va pas au-delà de la vie animale. La bête, mais non la plante, connaît nettement son organisation et sa nature : la recherche de ce qui lui convient suppose une certaine forme de conscience de sa part. On voit pourquoi Feinberg parle de vie conative : pour lui, de simples tropismes, de simples manques qui ne sont pas médiatisés par des croyances ne sauraient constituer des intérêts. Ainsi, une plante prospère sans doute, si elle est plantée dans une terre qui lui convient et si elle est convenablement arrosée. Mais on ne saurait dire qu'il est dans son intérêt de l'être : il y a, dans la notion de vie conative, une dimension irréductiblement subjective. Mener une vie conative, c'est être capable de toute une gamme de performances mentales ; il ne s'agit pas forcément de performances complexes (élaborer une stratégie pour prendre en huit coups la dame de *Deeper Blue*, construire une réduction à l'absurde de la thèse selon laquelle le droit fait la force, rédiger un commentaire d'arrêt). Mais « un grand nombre d'animaux, à tout le moins d'animaux supérieurs, manifeste des appétits, de vives conations, des desseins rudimentaires ; la satisfaction intégrée de tout ceci constitue leur bien-être ou leur bien »[1]. Feinberg fait donc dépendre l'attribution de droits de la possession d'intérêts ; et la possession d'intérêts de l'existence d'une vie mentale, même rudimentaire, où se manifestent des intentions et des desseins. Comme certains animaux sont capables d'une telle vie mentale, il n'est donc pas absurde de les considérer comme des titulaires de droits. Mais il faut spécifier ce que sont ces droits : la vie mentale animale n'est pas assez sophistiquée pour générer des droits forts, comme le droit de voir sa vie protégée inconditionnellement. Toutefois, elle est assez sophistiquée pour générer un droit faible, comme le droit d'être mis à l'abri de la cruauté gratuite, ou de se voir infliger des souffrances inutiles.

Un point capital doit être précisé : pour Feinberg, ce n'est pas la qualité *d'être sensible* de l'animal qui lui confère de tels droits ; c'est plutôt le fait que sa vie mentale soit orientée vers la réalisation de certaines tendances. En ce sens, ses

---

1. J. Feinberg, « The Rights of Animals and Unborn Generations » dans *Rights, Justice and the Bounds of Liberty*, Princeton, Princeton University Press, 1980, p. 166.

analyses ne sont *pas* utilitaristes : c'est plutôt vers W. James, G. Santayana et R. B. Perry qu'il se tourne, pour esquisser une théorie de la valeur, que vers J. Bentham [1].

On retrouve le même genre de démarche, avec des différences significatives, chez B. E. Rollin et surtout chez T. Regan. Ces deux auteurs se veulent plus militants que Feinberg : là où celui-ci veut simplement montrer qu'il n'est pas conceptuellement absurde de parler de droits de l'animal, ceux-là sont des défenseurs déterminés de ces droits.

Rollin enseigne à la fois la philosophie à l'Université d'État du Colorado et la physiologie à la Faculté de Médecine Vétérinaire de ce même État. C'est un écrivain extrêmement prolifique ; outre de très nombreux articles, deux de ses livres abordent la question de l'animal. Le plus récent : *The Unheeded Cry. Animal Consciousness, Animal Pain and Science* [2] est une attaque de grande envergure contre les thèses positivistes et behaviouristes niant la vie mentale des animaux. Des arguments en provenance de la théorie de l'évolution, de l'éthologie, de la moralité commune et même de la phénoménologie de Buitendijk ou du perspectivisme de von Uexküll sont mobilisés dans cette entreprise [3]. Les analyses de Rollin

---

1. J. Feinberg, « Human Duties & Animal Rights », *ibid.*, p. 202. James, Santayana et Perry sont enrôlés sous la même bannière au motif qu'ils ont tous les trois soutenu une théorie subjectiviste de la valeur ; plus précisément, ils considèrent que le domaine des valeurs commence lorsque des exigences impérieuses (*demands*) cherchent à se réaliser. Une simple chose, ou une condition quelconque, deviennent objets de valeur lorsqu'une telle exigence a pour objet leur réalisation. Que les animaux soient capables d'exigences de ce genre ne prouve pas que leur existence comme telle a une valeur ; mais cela suggère à tout le moins qu'ils ont un titre (*a claim*) à continuer à vivre, titre qui peut éventuellement être légitimé et devenir un droit.

2. Oxford-New York, Oxford University Press, 1989.

3. Rollin est donc un représentant caractéristique, comme D. Griffin, abondamment cité et favorablement commenté par lui, de ce que J. Proust appelle le « libéralisme attributionnel » en matière de conscience animale. De cette dernière, on lira avec profit le savant et pertinent : *Comment l'esprit vient aux*

ont d'évidentes implications éthiques, par exemple en ce qui concerne l'expérimentation sur l'animal. Mais ces implications ne sont pas systématiquement mises en rapport avec le concept de droits (c'est d'ailleurs en vain qu'on chercherait dans l'index le terme *Rights*, bien qu'on y trouve l'expression *Animal Rights Movement*). En revanche, un livre plus ancien : *Animal Rights and Human Morality*[1] expose en détail la théorie des droits défendue par notre auteur. On ne sera pas surpris de le voir partir du problème, typiquement américain, des frontières de la communauté morale : qu'est-ce qui justifie que nous nous préoccupions, moralement parlant, des intérêts d'êtres qui ne sont pas rationnels, qui ne disposent pas du langage, qui ne sont pas des personnes et qui sont incapables de contracter avec les personnes pour définir, d'un commun accord, de justes règles de conduite ? La réponse est essentiellement la suivante : les êtres dont il est légitime de se préoccuper d'un point de vue moral, c'est-à-dire ceux qui ne sont peut-être pas des agents moraux mais dont la simple présence institue une série de restrictions normatives limitant le champ des actions possibles pour un agent moral, sont les êtres qui ont des intérêts. Et, dans un mouvement évoquant irrésistiblement celui de Diogène Laërce lorsqu'il expose la théorie de Chrysippe et de Zénon, Rollin affirme que la douleur et le plaisir ne sont que des instruments permettant aux êtres sensibles d'assurer leur survie et de satisfaire leurs besoins. Ce qui fait qu'un être sensible compte moralement (« *makes it enter the moral arena* ») c'est son statut d'être vivant-conscient. Rollin caractérise la vitalité par la présence d'un *télos*. Dire d'une araignée qu'elle est vivante, c'est dire qu'elle « possède ce qu'Aristote nommait un *télos*, une nature, une fonction, une série d'activités qui lui sont propres ; ce *télos* est déterminé par

bêtes. Essai sur la représentation, Paris, Gallimard, 1997, ainsi que le plus récent (et plus accessible) : *Les Animaux pensent-ils ?*, Paris, Bayard, 2003.

1. Buffalo (N Y), Prometheus Books, 1981.

l'évolution, imprimé dans les gènes et constitue son araignéité vivante" (*"living spiderness"*) »[1]. Comme il est difficile de refuser aux plantes un *télos* ainsi conçu, on doit comprendre que le critère de la conscience[2] vienne équilibrer celui de la vitalité; en son absence, il faudrait attribuer également des intérêts et donc des droits au monde végétal. Ce n'est donc pas le *télos* comme tel, mais le fait de l'éprouver qui indique que l'on a affaire à un être qui compte du point de vue moral. En ce sens, l'éthique de Rollin n'est pas biocentrée, mais pathocentrée.

C'est, jusqu'à un certain point, le cas chez T. Regan qui va jusqu'à définir un animal comme « un mammifère normal au point de vue mental, âgé d'un an ou plus »[3]. Cette affirmation donne, à première vue, une certaine impression d'arbitraire. Mais elle est, en réalité, l'aboutissement d'une stratégie parfaitement cohérente. Regan va élaborer d'une part une théorie de la conscience animale, d'autre part une théorie éthique. À la rencontre de ces deux analyses, on trouvera l'affirmation de droits forts pour les animaux.

La théorie éthique de Regan est intuitionniste, en un des multiples sens que ce terme est susceptible de prendre. J'adopterai ici la suggestion de DeGrazia (*Taking Animals Seriously,* p. 16) selon lequel « intuitions » et « jugements intuitifs » désignent des jugements formulés du simple fait qu'ils semblent corrects, qu'ils soient ou non étayés par d'autres considérations[4]. C'est d'ailleurs bien ainsi que l'entend Regan pour qui une théorie éthique doit permettre de répondre à des

---

1. *Op. cit.*, p. 39.
2. Pour lequel Rollin emploie le terme *awareness* de préférence à celui de *consciousness*. Ce dernier, en effet, selon une tradition qui remonte à Locke et Reid, suggère une activité introspective, ce qui n'est pas le cas du premier.
3. *The Case for Animal Rights*, Londres, Routledge & Kegan Paul, 1983, p. 78 ; *Les droits des animaux*, trad. fr. E. Utria, Paris Hermann, 2013.
4. Cela exclut que la correction d'un jugement morale dépende d'un critère formel comme, par exemple, la possibilité d'être universalisé.

questions d'ordre moral par des affirmations qui soient « dans la mesure du possible, exemptes de fautes et d'erreur »[1]. De telles affirmations ne peuvent être justifiées que si leur auteur se conforme à certains critères subjectifs (clarté dans la formulation des thèses, impartialité, information adéquate, etc.); mais surtout, si elles sont fondées sur des principes moraux valides ou corrects. Comment reconnaître de tels principes? Lorsqu'il s'agit de départager plusieurs principes moraux (on ne raisonne jamais, en effet, *ex nihilo*) il faut prendre en compte leur consistance, l'adéquation de leur portée, leur précision mais surtout leur conformité avec nos intuitions. Ce n'est pas qu'il existe une faculté spéciale, l'intuition, qui nous découvrirait dans une évidence irréfutable la vérité des principes moraux. Regan est assez prudent pour spécifier que ces intuitions sont en fait un ensemble de croyances morales réfléchies. L'ajustement entre nos croyances morales et les principes qui les fondent est, en fait, comparable à l'équilibre réflexif de Rawls. En ce sens, l'intuitionnisme, bien réel, de Regan est tout de même assez atypique : l'équilibre réflexif renvoie à un critère du vrai qui est celui de la *cohérence*, tandis que les intuitionnistes classiques estiment qu'il y a des faits moraux *adéquatement* découverts par l'intuition.

Comme une théorie morale a essentiellement pour but de systématiser nos croyances morales réfléchies et nos principes moraux, Regan va examiner comment chacune d'elles se comporte face à ce que nous admettons tous si nous faisons preuve d'un minimum d'honnêteté : des contraintes morales s'appliquent légitimement à la façon dont nous devons traiter les animaux (on ne peut pas faire subir n'importe quoi à un animal). Mais l'autorité de ces contraintes est pensée de façon inadéquate si on considère qu'elles expriment des obligations, directes ou indirectes, qui ne feraient aucune mention des droits des animaux. Sont ainsi révoquées des théories

---

1. *The Case for Animal Rights, op. cit.*, p. 126.

comme l'égoïsme rationnel; le contractualisme; le kantisme; une éthique de la vertu qui ferait de la cruauté un vice; l'utilitarisme de l'acte. À chaque fois, l'équilibre recherché manque à se réaliser : les principes invoqués par ces théories ne parviennent pas à intégrer nos croyances morales réfléchies. C'est que les contraintes normatives dont nous admettons qu'elles doivent régler nos rapports avec les bêtes ne prennent toute leur signification que si nous comprenons que, loin d'être une concession chevaleresque de la part des agents moraux, ou une conséquence éloignée d'une théorie plaçant la personne au centre de l'éthique, elles expriment une exigence d'impartialité constitutive du jugement moral correct : les animaux, s'ils en étaient capables, pourraient réclamer comme un dû que ces restrictions opèrent. Elles sont, au fond, un cas particulier d'un principe de (non)-dommage : il existe une obligation *prima facie* de ne causer de dommages ni aux agents moraux, ni aux patients moraux. Mais ce principe dérive lui-même d'un principe plus fondamental, le principe de respect : « Nous devons traiter les individus qui ont une valeur inhérente de telle sorte que nous respections leur valeur inhérente »[1].

Reste à savoir ce qu'est la valeur inhérente. Distincte de la valeur intrinsèque qui ne s'attache qu'à des expériences mentales (plaisirs, satisfaction de préférences), la valeur inhérente s'attache à l'individu lui-même : en ce sens, on a ou on n'a pas de valeur inhérente; on n'en a pas plus ou moins et il ne s'agit pas d'une propriété négociable. À quoi reconnaît-on qu'on a affaire à un être doté de valeur inhérente? On est un être doté de valeur inhérente lorsqu'on est le sujet-d'-une-vie; en d'autres termes, on est doté de valeur inhérente lorsqu'on mène une vie dont on peut avoir l'expérience propre; dont on peut soi-même estimer qu'elle prend une valeur positive ou négative selon les circonstances. Pour dire les choses sommairement, le sujet-d'-une-vie a une expérience propre de son

---

1. *Ibid.*, p. 248.

bien-être : ce qui lui arrive lui importe[1]. On retrouve là le problème de la conscience animale : en effet, pour être le sujet-d'-une-vie, il suffit d'être capable de toutes sortes de performances mentales : avoir des croyances, des désirs et des perceptions ; de la mémoire ; un sens du futur, y compris de son propre futur ; avoir une vie émotionnelle ; avoir des intérêts ; pouvoir initier des actions orientées vers une fin ; manifester à travers le temps une identité psychophysique, etc. Regan estime, en se fondant sur une analyse du concept de vie mentale et en s'appuyant sur certaines données de l'éthologie et de la théorie de l'évolution que la psychologie des mammifères normaux âgés d'un an et plus est assez complexe pour faire d'eux les sujets-d'-une-vie, et donc des titulaires de droits.

Il existe des différences importantes entre Feinberg et Regan (Rollin occupant une position en quelque sorte intermédiaire). Ainsi, la référence aux intérêts est constante chez Feinberg, un peu moins soutenue chez Rollin et presque fortuite chez Regan. Ce n'est certainement pas l'effet du hasard. Lorsqu'il veut montrer qu'il n'est pas absurde de faire de certains animaux les titulaires de certains droits, Feinberg a en tête le modèle de la *Law of Torts* où il est essentiellement question de parvenir à une compensation équitable : les intérêts y sont, par définition, l'objet d'une négociation. Lorsqu'il revendique des droits forts pour les animaux, Regan a en tête le modèle des dix premiers Amendements à la Constitution des États-Unis. Ces amendements concernent les droits de l'individu face au Gouvernement Fédéral ; ils sont la traduction

---

1. Le philosophe britannique T. L. S. Sprigge propose une formulation alternative, mais tout à fait comparable quant à l'esprit, lorsqu'il propose l'impératif suivant, destiné à régler nos rapports avec la nature : « Traite chaque personne visible non seulement comme un objet dans cette vision du monde dont tu es le sujet central, mais aussi comme l'expression d'une autre version du monde, tout aussi réelle, dont il/elle est le sujet central et dans lequel tu n'es qu'un objet » ; « Metaphysics, Physicalism and Animal Rights », *Inquiry*, 22 (1979), p. 117-118.

constitutionnelle de l'idée selon laquelle les gouvernements sont établis par les hommes afin de garantir « certains droits inaliénables ».

Plus fondamentalement, Feinberg et Regan ne soutiennent pas la même théorie de la valeur. Comme il a été indiqué en note 1, p. 34, Feinberg soutient une théorie subjectiviste de la valeur : une chose, quelle qu'elle soit, est le support d'une valeur lorsqu'elle est l'objet d'un désir. Et il estime que le fait de ce désir constitue une bonne raison, au moins *prima facie*, pour reconnaître les intérêts de la créature qui le manifeste. Mais il exclut que la créature qui le manifeste ait elle-même une valeur du fait qu'elle manifeste ce désir. Regan va plus loin : il considère que le simple fait d'avoir une vie mentale suffisamment complexe confère une valeur inhérente à celui qui manifeste une telle vie. C'est pourquoi il serait erroné d'interpréter sa thèse comme une variation sur le thème de l'évaluateur indépendant[1]. Selon cette interprétation, Regan aurait simplement voulu dire que si des individus ont une vie mentale assez complexe pour conférer par eux-mêmes une valeur aux choses, alors il faut les laisser poursuivre leurs propres fins en réalisant leurs propres désirs (pour autant que, ce faisant, ils ne causent de dommages à personne). Mais cette façon de voir ne rend pas compte de façon adéquate de la notion de valeur inhérente. Celle-ci, il est vrai, est assez difficile à comprendre : si un être confère de la valeur à toute chose, il s'ensuit bien qu'il se confère de la valeur à lui-même ; mais si un être confère de la valeur à quelque chose, il ne s'ensuit pas du tout qu'il se confère de la valeur à lui-même[2].

1. Cette interprétation est celle de S. F. Sapontzis dans *Morals, Reason and Animals*, Philadelphia, Temple University, 1987, p. 180-181.

2. Dans un article très subtil, R. M. Hare montre que la classe des entités auxquelles une valeur est conférée n'inclut pas nécessairement la classe des entités qui confèrent (de) la valeur : il n'est pas contradictoire de parler d'un évaluateur sans valeur. L'exemple typique est celui du désespéré qui met fin à ses jours par haine de lui-même tout en laissant sa fortune à ses proches bien-

La réponse à cette perplexité se trouve peut-être dans une formule de Regan; celui-ci affirme, en effet, dans son discours de président à la *American Society for Value Inquiry* que certains animaux ressemblent aux êtres humains en ce qu'ils « apportent, comme nous, le mystère d'une présence psychologique unifiée au monde »[1]. L'idée semble être que l'existence même d'êtres posant des fins dans le monde confère à celui-ci une valeur ou un surcroît de valeur qu'il n'aurait pas en leur absence : Regan admet, en effet, que des êtres qui ne sont pas des sujets-d'-une-vie peuvent avoir aussi une valeur inhérente. On aurait alors affaire, en réalité, à une doctrine de l'auto-affirmation de l'être dans les fins.

Il existe cependant une autre façon de revendiquer, pour les animaux pris individuellement, un statut moral qui excède celui de la simple chose. Ce qui est remarquable dans cette théorie, c'est qu'elle prétend se dispenser de la notion de droits, considérée comme inutilement métaphysique. Elle s'inscrit, en effet, dans la tradition utilitariste. Or, pour Bentham, les droits sont le type même de l'entité juridique fictive. Ce n'est pas que la notion de droits soit radicalement discréditée. Mais, selon la pittoresque comparaison de Bentham lui-même, les entités juridiques fictives sont comparables à la monnaie-papier : parfaite s'il est possible de la changer à tout moment contre son équivalent métallique, elle n'est plus que paperasse inutile si cette opération est impossible. En conséquence de quoi, si l'on veut employer la notion de droits, il faut être capable de dire quelles entités effectives

aimés. R. M. Hare, « Moral Reasoning about the Environment », dans *Applied Philosophy. Morals and Metaphysics in Contemporary Debate*, B. Almond et D. Hill (éd.), Londres et New York, Routledge, 1991, p. 9-20.

1. « The Case for Animal Rights : a Decade's Passing » dans *A Quarter Century of Value Inquiry. Presidential Addresses of the American Society for Value Inquiry*, (Value Inquiry Books Series, 13), Amsterdam-Atlanta Ga, Rodopi, 1994, p. 441. Regan a été président de cette prestigieuse institution en 1993.

elle représente (Bentham estimait, pour sa part, que les droits peuvent être convertis sans reste en obligations corrélatives, lesquelles peuvent être à leur tour formulées de la sorte : avoir une obligation, c'est être passible d'une sensation de peine ou de privation de plaisir en cas de non-accomplissement d'une action). Je laisserai de côté la question de savoir si les droits sont adéquatement exprimés par une telle conception ; j'admettrai également, chose qui ne va pas de soi, que l'utilitarisme est une théorie morale qui stipule ce que sont des actions justes pour un individu [1].

Comment caractériser alors cette théorie morale ? L'utilitarisme se rattache à une conception impérative du bien, par opposition à une théorie attractive de celui-ci. Dans une théorie attractive, le bien est ce vers quoi toutes les choses tendent, selon la formule d'Aristote. Le bien pour un être étant la perfection avec laquelle il exerce sa fonction ou encore son activité caractéristique, les éthiques se rattachant à une telle conception accorderont la plus grande importance aux savoirs et aux dispositions qui permettent à l'agent de discerner ce qu'il y a lieu de faire pour mener une vie réussie [2]. Dans une théorie impérative du bien, par exemple chez Kant pour qui le mot « devoir » ne renferme rien d'agréable, c'est la conformité à un principe qui est l'indice du caractère moral de l'action. Le bien s'exprime par des commandements pouvant aller contre les inclinations spontanées de l'agent et qui tiennent d'être fondés sur des principes leur caractère de commandements moraux. Chez Bentham, il s'agit du principe d'utilité, soit le

---

1. On peut soutenir de façon plausible que l'utilitarisme est plutôt une procédure d'aide à la décision dans le domaine social et politique. C'est la thèse de R.E. Goodin dans *Utilitarianism as a Public Philosophy*, Cambridge, Cambrige University Press, 1995.

2. « (Aristotle) wants to instruct us in how to make a success of our lives » affirme J. Barnes dans son « Aristotle » in *Founders of Thought*, Oxford-New York, Oxford University Press, 1991, p.170.

principe commandant d'accomplir l'acte [1] qui, parmi tous ceux accessibles à l'agent, produira certainement ou probablement, le plus de bonheur dans le monde. L'utilitarisme est donc une forme de conséquentialisme : le caractère moral de l'acte dépend, et dépend seulement, de ses conséquences en matière de promotion du bonheur. Mais la façon dont le bonheur est défini par Bentham mérite que l'on s'y intéresse. Son eudémonisme est en fait un hédonisme. Il identifie à de multiples reprises bonheur et plaisir (et, symétriquement, malheur et douleur). Mais, d'après lui, plaisirs et douleurs se mesurent ; en particulier, on peut les comparer, d'un individu à l'autre, après les avoir agrégés. C'est une idée essentielle : car cela signifie que promouvoir le bonheur dans le monde se fera, concrètement, en maximisant le solde net du plaisir par rapport à la douleur, toutes les parties concernées étant prises en compte. Reste à préciser qui sont ces parties concernées. La question est d'importance. L'utilitarisme, en effet, met en jeu le principe de la conséquence : il détermine la valeur morale des actions déjà accomplies et celle des actions futures d'après leurs conséquences, constatées ou attendues. Mais nos actions ont une infinité de conséquences ; les seules qui intéressent directement un utilitariste sont relatives à la maximisation du bonheur, entendu comme expérience subjective du plaisir (étant entendu que l'on décompte négativement les

1. Autre variante : « de s'en tenir à la règle qui produira le plus de bonheur dans le monde ». Cette différence permet de distinguer entre l'utilitarisme de l'acte et l'utilitarisme de la règle. Les choses se compliquent encore du fait que Bentham lui-même parle de plus grand bonheur *du plus grand nombre*. La littérature sur l'utilitarisme est foisonnante. Plusieurs bibliographies permettent de s'y retrouver : celle de la notice *Utilitarianism* de J. J. C. Smart dans *The Encyclopedia of Philosophy* (vol. 8) dirigée par P. Edwards, New York-Londres, Macmillan & The Free Press-Collier Macmillan, 1967 ; celle de l'article de J. Griffin, « Modern Utilitarianism », *Revue Internationale de Philosophie*, 141 (1982) ; celle de la notice « Utilitarisme » de C. Audard dans le *Dictionnaire d'éthique et de philosophie morale* dirigée par M. Canto-Sperber, Paris, PUF, 1996.

expériences subjectives de douleur). Déterminer qui peut éprouver de telles expériences est crucial : si on omet, en effet, de prendre en compte des expériences plaisantes ou déplaisantes, tout le calcul sera faussé et des actions que l'on estimait initialement obligatoires (ou interdites, ou indifférentes) ne le seront peut-être pas. Bentham est foncièrement égalitariste : le célèbre bout-rimé où il énumère les éléments constitutifs du plaisir fait intervenir seulement l'intensité, la durée, la certitude, la proximité temporelle, la pureté, la fécondité des plaisirs et le nombre de personnes affectées. Mais la compétence de ces personnes et la qualité de leur plaisir n'entrent pas en ligne de compte : l'hédomètre de Bentham ne mesure que des quantités. Dans ces conditions, tout être sensible, par quoi il faut entendre : « tout être capable d'éprouver du plaisir et de la peine », est partie prenante de la communauté morale. Non qu'il y soit, bien évidemment, un agent moral; mais ses expériences subjectives de plaisir et de peine sont des données qui doivent être comptabilisées dans la détermination de l'action juste. D'où la formule illustre de Bentham, se demandant quelles sont les limites du pouvoir des hommes sur les animaux : « La question n'est pas : "peuvent-ils raisonner?", ni "peuvent-ils parler", mais : "peuvent-ils souffrir?" »[1]. Cette citation est remarquable en ce qu'elle ne fait aucune référence à une orientation finalisée de la vie sensible : c'est le fait brut de la sensibilité qui importe. Là où il y a capacité à éprouver de la douleur ou du plaisir, là aussi on entre dans le domaine de la morale. Ce n'est pas une morale du respect de la vie : Bentham n'est pas A. Schweitzer. Le début de la citation qui vient d'être rappelée affirme d'ailleurs que les êtres humains ont parfaitement le droit de tuer les animaux pour s'en nourrir : ceux-ci ne s'en trouvent jamais plus mal, ceux-là s'en trouvent mieux.

1. J. Bentham, *An Introduction to the Principles of Morals and Legislation*, J. H. Burns et H. L. A. Hart (éd.), Londres, University of London-The Athlone Press, 1970, p. 283 ; trad. fr. Centre Bentham, Paris, Vrin, 2011.

D'ailleurs, Bentham classe dans cet ordre les êtres qui peuvent être l'objet de la sympathie d'un homme : 1) des individus identifiés, 2) un groupe spécifique d'individus, 3) une nation entière, 4) l'Humanité, 5) la création sensible [1]. Il ne considère certainement pas que les animaux ont des droits, encore moins qu'ils soient des sujets de droit ; pas plus, il ne considère que les bêtes méritent le respect. Ce qui lui paraît injustifiable, c'est que des créatures sensibles soient tourmentées, leurs intérêts de créatures sensibles étant par là négligés, en particulier par les systèmes juridiques qui en font de simples choses.

Celui qui a relevé de la façon la plus énergique et la plus radicale cette tradition utilitariste est le philosophe australien P. Singer ; son ouvrage *Animal Liberation* [2] a véritablement ouvert le débat actuel sur l'animal. Il s'agit d'un livre militant et il ne fait pas toujours preuve d'une extrême rigueur conceptuelle. Aussi, pour comprendre ce qui fait l'intérêt de la position de Singer, il est sans doute indispensable d'opérer un détour et de rappeler qu'il a été, à Oxford, l'élève de R. M. Hare. Ce dernier est un philosophe moral tout à fait considérable et on peut s'étonner qu'aucun de ses textes majeurs ne soit encore traduit en français [3]. On connaît la théorie de Hare sous le nom de prescriptivisme universel. Elle peut être considérée comme une procédure pour la prise de décisions dans le domaine moral, procédure qui synthétise des éléments en provenance du kantisme comme de l'utilitarisme. Mais c'est là le simple résultat d'une subtile démarche, résultat qui n'est guère intelligible à qui ne la connaît pas, au moins dans ses grandes lignes. Comme beaucoup de philosophes de langue anglaise de sa génération (il est né en 1919) le

---

1. *Ibid.* p. 57.
2. Initialement publié en 1975 à New York, par la *New York Review* ; il en existe une traduction par L. Roussel, relue par D. Olivier, Paris, Grasset, 1993. D. Olivier est un militant actif de la libération animale.
3. Il s'agit essentiellement de : *The Language of Morals* (1952) ; *Freedom and Reason* (1963) ; et de *Moral thinking : Its Level, Method and Point* (1981).

problème initial de Hare fut de dégager la spécificité du jugement moral en précisant la nature des termes qu'on y rencontre
(« bien », « moralement bon », « moralement obligatoire »,
« moralement juste », etc.). Au lendemain de la seconde guerre
mondiale, en effet, la situation semblait assez embrouillée.
Dès le début du siècle, Moore avait conduit une attaque en
règle contre toute forme de naturalisme consistant à affirmer
que les jugements moraux énoncent des propriétés à propos
d'actions ou de situations, propriétés qui seraient, en dernière
analyse, factuelles (naturelles) ou bien apparentées à des
propriétés factuelles ; ce serait le cas d'une définition du
bien qui identifierait celui-ci avec le fait d'être approuvé, ou
d'être approuvé par un observateur impartial, ou encore d'être
approuvé et commandé par Dieu. Il semblait en avoir conclu
que le bien, au sens moral du terme, est une propriété indé-
finissable, rencontrée ou non dans une espèce d'évidence
intuitive[1]. Plus tard, les tenants de l'émotivisme (A. J. Ayer,
C. L. Stevenson) avaient contesté toute valeur cognitive aux
jugements moraux, ceux-ci étant censés exprimer simplement
les états mentaux du locuteur, éventuellement en susciter de
semblables chez l'auditeur[2]. Hare reproche au naturalisme
initial et à sa contestation intuitionniste d'être des théories
descriptives, incapables d'expliquer la force motivante des
termes moraux et d'aboutir, en outre, à une forme ou à une
autre de relativisme. Et il reproche à l'émotivisme de faire de

    1. Il est à peu près certain que cette interprétation de la pensée de Moore
est simpliste ; lui-même s'en est défendu, en particulier dans « The Conception
of Intrinsic Value » dans *Philosophical Studies*, New York, Harcourt, Brace
& Co, 1922.
    2. A. J. Ayer et C. Stevenson ne raisonnent pas dans les mêmes termes,
même s'ils sont considérés tous deux comme des émotivistes. Le premier
dénie toute vocation cognitive aux jugements moraux parce que, fidèle au
néopositiviste, il soutient de façon intransigeante une théorie vérificationniste
du sens. Le second, au fond assez proche de Moore sur ce point, pense que les
termes éthiques sont inanalysables et irréductibles à cause de leur dimension
émotive.

la morale une activité irrationnelle ou sophistique : les termes moraux étant dépourvus de toute prétention à l'objectivité, ils sont, au mieux, l'expression sincère de sentiments en eux-mêmes indiscutables; au pire, les éléments d'un stratagème pour qui veut prendre l'ascendant sur un adversaire. De façon paradoxale, il va affirmer que c'est l'élément prescriptif dans le jugement moral qui confère à celui-ci une authentique objectivité [1]. Mais c'est parce que cet élément prescriptif peut être soumis à des conditions formelles qu'il en est ainsi. Sup-posons qu'il existe au moins un agent moral et qu'il énonce un jugement moral où il est lui-même impliqué (par exemple : « je dois (moralement) X-er » où « X-er » est un verbe qui désigne une action); Ce jugement moral entraîne une prescription, soit un impératif en première personne, lequel exprime une dispo-sition à agir (« Que je X-ie ! »). Toutefois, cet impératif se dis-tingue de ceux qui se rencontrent dans les exhortations en ce qu'il implique un principe universel. Comme le dit Hare : « la logique de l'élément prescriptif (des énoncés moraux) requiert que les prescriptions morales soient appliquées universelle-ment à tous les cas similaires »[2]. Concrètement, cela signifie que ne sont acceptables comme prescriptions morales que celles que l'agent est disposé à prescrire pour tous les cas similaires, quelle que soit sa propre situation. Voici donc les contraintes formelles (prescriptivité/universalisabilité) qui pèsent sur la pensée morale; Hare les exprime, à sa façon, en disant qu'elles sont une version de l'impératif catégorique kantien. Ceci étant, l'éthique est essentiellement pratique, c'est-à-dire qu'elle concerne l'action dans le monde tel qu'il est effectivement. On est donc en droit de se demander main-tenant quels sont les faits du monde qui opèrent comme des

---

1. Voir, par exemple, la notice « Hare Richard, Mervyn, 1919 » dans *A Dictionary of Philosophy*, T. Mautner (éd.), Oxford-Cambridge (MA), 1996, p. 177. Hare lui-même est l'auteur de cette notice.

2. *Ibid.* p. 177.

contraintes factuelles sur la prise de décision morale. Chacun sait, d'un savoir pré-réflexif irréfutable, que ce sont essentiellement les êtres dotés de désirs et d'intérêts qui participent à l'activité morale : une personne parfaitement apathique et indifférente à ce qui lui arrive et à ce qui arrive aux autres serait hors d'état de comprendre l'intérêt qu'il y a à formuler des interdictions ou des prescriptions, à produire des raisons pour justifier ses actes, à chercher à s'améliorer moralement, etc. L'intérêt de cette activité qu'on nomme « morale » lui échapperait radicalement. De même, cette activité suppose un minimum d'imagination. Adopter la posture morale pour un agent moral, c'est se demander à propos de ses propres actions et de leurs conséquences prévisibles : « jusqu'à quel point, m'imaginant à tour de rôle, à la place de tous ceux qui seront affectés par une action de ce genre, accepterais-je ou au contraire, refuserais-je, que cela m'arrive ? ». La ligne d'action qui s'imposera alors est celle qui sera le moins susceptible de frustrer les intérêts de ceux qui en éprouveront les conséquences. Mais cela n'est rien d'autre que maximiser les satisfactions ou les préférences : on retrouve ici un thème typiquement utilitariste [1].

On devine comment Singer va radicaliser la pensée de son professeur. J'ai (volontairement) employé l'expression indéterminée « tous ceux qui seront affectés par une action » (Hare, pour sa part, parle volontiers des parties affectées par une action). Là où le maître pensait sans doute à des êtres humains [2], le disciple n'hésitera pas à englober tous les êtres sensibles. Il faut bien comprendre le sens de cette prise de

1. Hare peut donc dire de son propre système moral qu'il est susceptible de satisfaire à la fois Kant et les utilitaristes : Kant à cause de sa forme, et les utilitaristes à cause de son contenu (*Freedom and Reason*, Oxford, Oxford University Press, 1963, p. 124).

2. Son article « Why I am only a Demi-Vegetarian » dans *Essay on Bioethics*, Oxford, Clarendon Press, 1993, est parfaitement révélateur de ses réticences à ce sujet.

position. Il ne s'agit en aucune façon de défendre des droits non négociables dont les bêtes seraient titulaires, ni de considérer que les agents moraux leur doivent le respect. Mais il ne s'agit pas non plus, d'affirmer simplement qu'il faut éviter, dans la mesure du possible, de leur infliger des traitements cruels. Singer, dont le premier ouvrage, de façon caractéristique, s'intitule *Democracy and Disobedience*, est avant tout soucieux de s'opposer à ce qui est, à ses yeux, une forme particulièrement insidieuse de discrimination. Lorsqu'il adopte le point de vue moral, un agent moral ignore les différences hors de propos : il laisse de côté sa propre situation et ne se préoccupe que des conséquences prévisibles de ses actes sur ceux qui auront à en subir les effets. Il peut légitimement accorder plus d'importance à certains individus parce qu'il entretient à leur égard des relations d'un type particulier (comme des parents envers leurs enfants). Mais en négliger systématiquement d'autres en invoquant leur sexe, leur âge, leur origine ethnique ou bien leur médiocre situation sociale ne se justifie en aucune façon. Singer est ici fidèle à la conception utilitariste de l'impartialité : une différence de traitement, en ce qui concerne les êtres à qui on a affaire, doit être l'exception et non la règle[1]. Selon lui, toutefois, ce principe d'impartialité doit être étendu au-delà des frontières de l'espèce : il n'est pas plus justifiable, pour un agent moral, d'ignorer les intérêts d'un être sensible parce qu'il n'appartient pas à l'espèce humaine qu'il n'est justifiable, pour ce même agent moral, d'ignorer les intérêts d'un être humain parce que la couleur de sa peau n'est pas la même que la sienne. Singer ne réclame donc pas que les animaux soient traités comme des êtres humains seraient traités ; il demande « seulement » que leurs intérêts soient pris

---

1. « Si la situation de deux personnes est similaire en ce qui concerne toutes les circonstances factuelles (*material*), il ne peut pas être moralement juste de les traiter de façon différente » écrit, par exemple, H. Sidgwick dans *The Methods of Ethics,* Livre III, Chap. III, § 4, p. 441-442, Londres, Macmillan, 1907[7].

en considération comme des intérêts humains comparables seraient pris en considération. En bon utilitariste, il n'exclut à l'avance aucune décision : le sacrifice de certains êtres sensibles peut être nécessaire si l'on veut que se réalise le plus grand bonheur du plus grand nombre. Ce n'est pas cela qui est immoral pour lui ; ce qui le serait, c'est que les intérêts de toutes les parties concernées n'aient pas été pris en compte. On voit à quel point il est aux antipodes d'une théorie des droits.

LES ANIMAUX SAUVAGES, COLLECTIVEMENT MENACÉS

Les analyses et les théories exposées jusqu'à maintenant présentent d'évidentes différences. Mais elles présentent également certains points communs : leur méthodologie, en particulier, les apparente. Dans tous les cas, on admet qu'il existe des êtres qui, de façon indiscutable, ont des intérêts, lesquels *peuvent* être formulés en termes de droits ; ou qui ont une valeur inhérente, laquelle *doit* être formulée en termes de droits. Il s'agit, comme on s'en doute, des êtres humains adultes et compétents. On cherche alors à distinguer, chez les animaux, une caractéristique les rendant assez semblables aux êtres humains pour qu'on en conclue qu'eux aussi ont des intérêts ou des droits. Cette propriété peut être : la vie conative, la sensibilité, le fait d'être le sujet-d'une-vie ; on pourrait certainement allonger la liste, mais là n'est pas la question [1]. Car une

---

1. Ainsi, on pourrait dire que cette propriété est le fait d'être une créature de Dieu, même si cette créature n'est pas à l'image et à la ressemblance de Dieu. On peut lire, à propos de cette théorie dite des *Theos-Rights* : *Animal Rights. A Christian Assessment of Man's Treatment of Animals* (Londres, SCM Press Ltd, 1976) et *Christianity and the Rights of Animals* (Londres, SPCK, 1987), tous deux de A. Linzey. Une façon assez radicale de ne *pas* poser le problème en ces termes consisterait à dire, comme Kant, que le concept « d'un intérêt ne peut jamais être attribué à un être qui manque de raison » (*Critique de la raison pratique*, trad. F. Picavet, Paris, PUF, 1966[5], p. 83). Encore Kant est-il

telle défense des animaux ne tient qu'aussi longtemps qu'on détecte chez eux des propriétés assez semblables à celles que l'on a repérées chez les êtres humains. Elle paraît donc inadéquate aux défenseurs de la vie animale sous toutes ses formes et dans tous ses états : il suffit d'ouvrir un livre de systématique pour rencontrer d'étranges créatures animales qui ne manifestent certainement aucune des propriétés mentionnées ci-dessus. Elles ne sont donc pas concernées par les arguments exposés jusqu'alors qui sont donc, de ce point de vue, trop faibles. Mais ces arguments sont également, dans certaines de leurs versions, trop forts : par exemple, s'il est vrai que, d'un point de vue utilitariste, on ferait du monde un endroit (moralement) meilleur en réduisant la souffrance que les hommes infligent aux animaux, on en ferait un endroit encore meilleur en réduisant la souffrance que les animaux s'infligent les uns aux autres. Une telle ambition débouche sur une volonté de pacification de la nature qui constitue une sorte de réduction à l'absurde de la thèse la sous-tendant[1].

Une argumentation élaborée pour justifier la promotion de droits ou les intérêts d'individus clairement identifiables, manifestant des propriétés encore assez semblables à celles des êtres humains, n'est donc plus tellement adéquate lorsqu'il est question d'évaluer, du point de vue moral, des actions qui mettent en péril des espèces (celles-ci ne sont pas les sujets d'une vie, n'ont pas de vie conative, ne sont pas susceptibles

amené à justifier sa condamnation des mauvais traitements envers les animaux en affirmant que la bête est l'*analogon* de l'homme (*Leçons d'Éthique*, trad. L. Langlois, Paris, Le Livre de poche, 1997, p. 391).

1. Seul S. Sapontzis (qui n'est d'ailleurs pas utilitariste), défend la thèse selon laquelle les êtres humains sont (moralement) obligés de s'opposer, dans certaines circonstances et sous certaines conditions, à la prédation dans la nature. On peut conférer, sur ce point, le chapitre 13 de *Morals, Reason and Animals*, *op. cit.*, chapitre intitulé : « Saving the Rabbit from the Fox ».

d'éprouver du plaisir ou de la peine)[1]; elle n'est pas, enfin, adéquate, lorsqu'est en jeu le sort d'autres êtres de nature (végétaux, individuellement ou collectivement considérés, voire certains sites).

La problématique se modifie alors : il n'est plus question des droits de l'animal, mais de l'éthique de l'environnement. Il s'agit de questions tout à fait différentes, comme le montre l'expérience de pensée suivante. On pourrait très bien imaginer qu'un ministre de l'aménagement du territoire se soit entièrement imprégné des principes utilitaristes dans leur mouture Hare-Singer, c'est-à-dire des principes d'un utilitarisme de la préférence. On pourrait supposer, d'autre part, que, se fondant sur une étude coûts-bénéfices menée par ses services, il juge indispensable le « développement » d'une région sauvage, peuplée de toutes sortes d'animaux qui ne le sont pas moins. Notre ministre hypothétique donnerait alors des instructions pour que tous ces animaux soient capturés puis remis en liberté dans une autre région à l'habitat semblable. Alors seulement les travaux projetés seraient entamés. Certes les animaux seraient un peu perturbés par leur capture et par leur transfert; peut-être même certains d'entre eux seraient blessés ou tués. Mais, au total, l'opération serait moralement acceptable puisque leurs intérêts auraient été pris en compte dans toute cette affaire et qu'en termes d'emplois et de richesses créés, plus de préférences auraient été satisfaites que si rien n'avait été entrepris. Ce que montre cet argument – je suggère qu'on l'appelle « l'argument des animaux déplacés »

1. L'australien L. E. Johnson, dans *A Morally Deep World. An Essay on Moral Significance and Environmental Ethics*, Cambridge, Cambridge University Press, 1991, se singularise en affirmant que les espèces et les écosystèmes ont bel et bien des intérêts. Il est évident qu'il ne peut procéder ainsi qu'en soutenant une version non-subjectiviste de l'intérêt. F. Mathews (*The Ecological Self*, Londres, Routledge, 1993) admet que les écosystèmes, mais pas les espèces, ont des intérêts; elle aussi soutient une version non-subjectiviste de l'intérêt.

– c'est que « la relation entre la destruction de l'habitat et la souffrance individuelle est contingente »[1]. Les animaux disparaîtraient-ils de la scène lorsque l'environnement fait son entrée? Peut-être pas. Certains[2] proposent d'éviter l'expression « éthique de l'environnement » (*Environmental ethics*) suspecte d'anthropocentrisme – l'environnement, c'est encore ce qui se trouve autour de celui qu'anime la volonté de se rendre comme maître et possesseur de la nature – pour la remplacer par l'expression « philosophie de la nature sauvage » (*Wilderness philosophy*). Selon l'étymologie *wilderness* viendrait de l'anglais ancien *wildéorern*, le lieu peuplé de bêtes sauvages. On considère alors les animaux non pas comme des êtres sensibles dont les intérêts doivent être pris en compte, ou comme les sujets d'une vie mentale assez complexe pour que l'on s'intéresse à leur bien-être, mais comme les porteurs de valeurs qui ne sont pas celles de l'appropriation rationnelle du monde, ni même de la culture ou de la civilisation. Comme il était prévisible, cette démarche est typiquement américaine – on la retrouve aussi chez certains Australiens. Il ne s'agit pas de soutenir une nouvelle mouture de la théorie des climats chère à Montesquieu, théorie selon laquelle il suffirait de s'installer dans un continent vierge pour élaborer une philosophie de la nature sauvage. Il n'en reste pas moins que l'imaginaire américain est façonné par toute une tradition littéraire, très différente de celle qui prévaut sur le vieux continent : R. W. Emerson, H. D. Thoreau, J. Muir, A. Leopold ont tous, chacun à leur façon, célébré une nature non encore instrumentalisée, source d'expérience et de constitution

---

1. Selon l'expression de B. G. Norton dans «Environmental Ethics and Nonhuman Rights», dans *The Animal Rights/Environmental Ethics Debate. The Environmental Perspective*, E. C. Hargrove (éd.), New York, SUNY Press, 1992.

2. Par exemple, M. Oelschlaeger, *The Idea of Wilderness*, New Haven et Londres, Yale University Press, 1991 ; et A. Naess, « The Shallow and the Deep, Long-Range Ecology Movement. A Summary », *Inquiry*, 16 (1973), p. 95-100.

de soi[1]. Une telle inspiration révèle, à l'évidence, une attitude de défiance à l'encontre de la modernité techno-libérale. Mais autre chose est d'y discerner une nostalgie de l'origine, susceptible d'alimenter toutes sortes de dérives en direction de l'*Urlandschaft* ou pire encore. Il y a d'aussi bonnes raisons de quitter, transformé, les bois, que d'y aller réaliser l'aspiration à un nouvel état de soi-même : la nature sauvage est fascinante non parce qu'elle propose un modèle à suivre, mais parce qu'elle est le lieu d'un travail sur soi, vers plus de sagesse. Ce n'est pas parce que, contrairement à Socrate, on estime que les champs et les bois aussi veulent bien nous apprendre quelque chose, que l'on est condamné à haïr les hommes qui sont dans les villes.

Si l'on ne veut pas se donner le ridicule d'affirmer des droits subjectifs pour les plathelminthes, les némathelminthes ou les mésozoaires, voire pour les algues vertes ou les spermatophytes, il est sans doute préférable de chercher à savoir si ces organismes, à défaut d'*intérêts* propres n'auraient pas une *valeur* propre. Pour répondre à une telle interrogation, je m'inspirerai d'un aphorisme de H. Jonas, aphorisme selon lequel « la philosophie morale doit consulter nos craintes préalablement à nos désirs afin de déterminer ce qui nous tient réellement à cœur ». En termes moins cryptiques, je suggère que pour répondre à la question : « Quelle est la valeur de X ? » (où X est le nom d'une espèce sauvage, animale ou végétale), il peut être intéressant de répondre à la question : « Quel sentiment de perte éprouverions-nous au cas où X viendrait à disparaître, spécialement de notre fait ? ».

---

1. Il suffit de lire en parallèle *Nature* (1836) de R. W. Emerson et *On Nature* (1858) de Mill pour comprendre qu'on a affaire à deux continents très différents, non seulement du point de vue géographique, mais aussi du point de vue philosophique. R. Nash dans son *Wilderness and the American Mind*, New Haven, Yale University Press, 1967, a excellemment décrit les attitudes américaines devant la nature sauvage.

Un inventaire, sans doute incomplet, des formes du sentiment de perte pourrait prendre l'allure suivante :

I) On peut éprouver un tel sentiment lorsqu'un bien que l'on détenait de façon légitime est détruit ou endommagé au-delà de toute possibilité de remise en état. Celui qui est lésé éprouve alors le genre de frustration qui accompagne, en général, une privation d'usage ou de jouissance. Ce sentiment de perte comporte une dimension essentiellement subjective : ce qui a été perdu pourrait être remplacé à l'identique par son équivalent ; ce n'est pas la perte de son être même qui est déplorée.

II) On peut éprouver un tel sentiment devant l'anéantissement aveugle ou irresponsable de ce « qui commandait le respect par son âge, ses souvenirs ou sa beauté » [1]. On est alors navré, au sens ancien du terme, de la perte de ce qui est irremplaçable. C'est alors la destruction de l'être même de ce qui a été anéanti qui nous affecte. À supposer que le théâtre de la *Fenice* de Venise ait été irrémédiablement anéanti lors de l'incendie de Janvier 1996, quelqu'un qui n'est pas précisément un amateur d'opéra et qui n'aurait jamais, en aucune façon, eu l'intention d'y aller un jour, pourrait, tout de même, être consterné ; et non pas consterné en pensant à la frustration des amateurs d'opéra, présents et à venir, mais consterné devant la perte irrémédiable du bâtiment lui-même et de « ce qu'il représente », comme on dit parfois.

III) On peut éprouver un tel sentiment de perte devant la disparition d'un être aimé et proche, aimé parce que proche. Ici, il s'agit purement et simplement d'un deuil. On n'a pas perdu quelque chose qui est à soi, ou à personne en particulier, mais quelqu'un qui est un autre soi. Dans la mesure où c'est un *alter ego* qui disparaît, le deuil comporte une part d'identification à « l'objet perdu », comme l'ont depuis longtemps remarqué les psychologues.

---

1. Telle est la définition du vandalisme dans le Littré.

Ce n'est donc pas seulement la perte de l'être même du disparu qui est déplorée par ses proches. Mais, d'un autre côté, on a depuis longtemps remarqué également qu'on n'aime pas quelqu'un *pour* ce qu'il fait, mais *parce* qu'il est. Celui qui éprouve un deuil déplore donc la perte d'un (autre) *soi*, mais aussi la perte d'un *autre* (soi). Si l'on rapporte ces distinctions à la question de la nature sauvage en général et des espèces sauvages en particulier, on obtiendra trois conceptions différentes :

I) Celle selon laquelle il s'agit de ressources pour une utilisation possible ; les êtres de nature et la nature ont un prix, déterminé par une évaluation que seuls les êtres humains sont en état de conduire.

II) Celle selon laquelle ces êtres ont une valeur intrinsèque, indépendante de tout projet d'utilisation et de toute valorisation subjective. Les êtres humains peuvent reconnaître cette valeur, mais ils ne la déterminent pas.

III) Celle selon laquelle les êtres humains sont, en dernière analyse, donateurs de sens et de valeur. Mais ils ne valorisent pas seulement les choses dans une perspective instrumentale : ils peuvent les valoriser pour elles-mêmes. Tel doit être, précisément, le cas avec les êtres de nature.

La conception (I) confère à la nature sauvage et aux espèces qui s'y rencontrent une valeur instrumentale ; la conception (II) lui confère une valeur intrinsèque, la conception (III) lui confère une valeur inhérente[1]. Détaillons un peu les choses.

---

1. La distinction entre valeur intrinsèque et valeur inhérente, sous cette forme, apparaît chez J. Baird Callicott (« Intrinsic value, Quantum theory and Environmental Ethics », dans *In Defense of Land Ethics. Essays in Environmental Philosophy*, Albany, (N Y), SUNY Press, 1989, p.157-174.) Il existe d'autres façons de classer les théories cherchant à préciser en quoi les êtres de nature (nous) importent. La plus courante (conservationnisme/préservationnisme) assimile des positions philosophiques qu'en toute rigueur il faudrait distinguer ; la plus originale (théories de la *Moralität*/théories de la *Sittlichkeit*)

La thèse selon laquelle la nature sauvage a une simple valeur instrumentale peut être explicitée comme suit. C'est, sous une forme encore imprégnée d'une tradition théologique, l'affirmation selon laquelle « la nature et tout ce qu'elle contient sont un don fait aux hommes pour l'entretien et le réconfort de leur être »[1]; c'est, sous une forme agnostique, l'affirmation d'un monde désenchanté, où seule « la présence de l'homme... rend l'existence des êtres intéressante »[2], la nature n'étant plus qu'une scène triste et muette, en proie au silence et à la mort, un lieu où des phénomènes inobservés se déroulent d'une manière obscure et sourde en l'absence d'un être pensant pour la contempler et l'étudier. La nature y est donc conçue comme un ensemble de ressources et, de fait, on a pu baptiser une telle attitude : le « ressourcisme ». M. Oelschlaeger en construit de la sorte le type idéal :

– les systèmes naturels ne sont qu'une collection de parties.

– L'humanité est en position d'extériorité par rapport à l'écomachine.

– L'écomachine peut être manipulée à la manière des ingénieurs afin de produire les effets désirés (les effets indésirables étant évités de la même façon).

proposée par C. Larrère dans *Les Philosophies de l'environnement*, Paris, PUF, 1997, fait peut-être la part trop belle aux analyses de Callicott lui-même; la plus sophistiquée (anthropocentrisme fort/anthropocentrisme faible, non-anthropocentrisme/biocentrisme) est proposée par B. G. Norton dans *Why Preserve Natural Variety?*, Princeton (N J), Princeton University Press, 1987, p. 3-22. Dans un ouvrage plus récent, *Toward Unity among Environmentalists*, New York-Oxford, Oxford University Press, 1991, Norton propose une classification (anthropocentrisme/inhérentisme/ intrinséqualisme) qui recoupe celle de Callicott. Comme Norton, j'estime que la théorie la plus défendable est une forme d'anthropocentrisme faible, comme il apparaîtra dans ma conclusion.

1. Locke, *Deuxième traité du gouvernement civil*, trad. B. Gilson, Paris, Vrin, 1977, p. 90.

2. Diderot, « Encyclopédie : "article Encyclopédie" », dans *Œuvres*, t. I, *Philosophie*, « Bouquins », Paris, R. Laffont, 1994.

– C'est le marché qui détermine la valeur de toute chose dans le domaine naturel comme dans le domaine culturel.

– L'économie, par la détermination du revenu, c'est-à-dire la part de la production qui retourne au sujet économique, individuel ou collectif, constitue un instrument de mesure adéquat du bien-être social.

– On peut mesurer le progrès par l'application de la formule utilitariste : « le plus grand bien du plus grand nombre »[1].

À première vue, cette attitude à l'égard de la nature sauvage semble peu attrayante. Elle a suscité, par réaction, toutes sortes de tentatives pour réenchanter le monde ou pour inventer de nouveaux « paradigmes »[2]. Tout de même, il n'est pas certain qu'elle exprime seulement une appropriation marchande du monde, même si elle est, de toute évidence, compatible avec un tel projet. J'invoquerai ici la figure emblématique de Robinson Crusoé : il est vrai qu'après le naufrage dont il est l'unique survivant il s'empresse de constituer « le plus grand magasin d'objets de toutes sortes qui, sans doute, eût jamais été amassés pour un seul homme » et n'en est pas encore satisfait ; mais lorsqu'il découvre dans la cabine du capitaine trente-six livres sterling, il s'écrie avec dédain :

---

1. *The Idea of Wilderness*, *op. cit.*, p. 287.
2. Outre M. Oelschlager lui-même, on peut citer A. Naess et F. Mathews. Le premier estime que seule une ontologie des relations internes peut détruire une telle image du monde ; la seconde (*The Ecological Self*, *op. cit.*), cherche un tel secours dans un monisme métaphysique inspiré de Spinoza. La littérature post-kuhnienne fait un usage plutôt immodéré du terme « paradigme ». Kuhn lui-même a pourtant mis en garde contre de telles dérives et même proposé, pour ne pas qu'on s'imagine que n'importe quelle vision du monde partagée par n'importe quel groupe constitue un paradigme, d'employer à la place l'expression « matrice disciplinaire » (voir, par exemple, son article : « Second Thoughts on Paradigms », dans *The Structures of Scientific Theories*, F. Suppes (éd.), Urbana et Chicago, University of Illinois Press, 1977 (2ᵉ éd.), p. 459-482.

« Ô drogue ! à quoi es-tu bonne ? » [1]. Conférer au monde sauvage une valeur simplement instrumentale n'est pas forcément en faire une chose dont on peut disposer à sa guise, sans restrictions d'aucune sorte. Il est vrai que c'est en faire, en dernière analyse, un ensemble de moyens pour des fins posées par les êtres humains. Mais, à supposer même qu'on s'en tienne à des fins économiques, il y a lieu de croire qu'une définition plus précise des droits de propriété, qu'une attention plus soutenue aux externalités négatives et à leur réintégration dans le calcul des coûts, que le choix de taux d'actualisation indiquant une préférence moins exclusive pour le présent constitueraient autant d'instruments allant dans le sens d'une moindre exploitation de la nature sauvage. Ceci étant, il est toujours possible de considérer qu'il s'agit là de restrictions dans l'usage de la nature, d'une éthique pour l'utilisation prudente et durable de celle-ci, non d'une éthique pour celle-ci.

Il est difficilement possible d'aller plus loin dans l'affirmation de la thèse inverse que Holmes Rolston III. Dans un article de 1992, « Disvalues in Nature » [2] il va jusqu'à affirmer

---

1. D. Defoe, *Robinson Crusoé*, trad. P. Borel, Paris, Julliard, 1964, p. 85 et 87. Robinson Crusoé est un héros typiquement lockien : étranger dans un monde étranger (sa famille est originaire de Brême et son patronyme authentique est Robinson-Kreutznaer) il ne trouve pas de plus bel éloge en découvrant une contrée particulièrement verdoyante de son île que le suivant : « on l'aurait prise pour un jardin artificiel » (*ibid.*, p. 142); par l'œuvre de ses mains et par le travail de son corps, il s'approprie cette île comme s'il l'avait « eue en héritance, aussi incontestablement qu'un Lord d'Angleterre son manoir » (*ibid.*, p. 142). On peut lire *Defoe and the New Sciences*, Cambridge, Cambridge University Press, 1996 de I. Vickers pour voir à quel point cet auteur avait intégré l'idéal baconien des sciences.

2. *The Monist*, 76 (1992), p. 250-278. Ce numéro est consacré au thème de la valeur intrinsèque de la nature (*The Intrinsic value of Nature*). Les autres publications de Rolston sont essentiellement les suivantes :
– *Philosophy Gone Wild*, Buffalo (N Y), Prometheus Books, 1986;
– *Environmental Ethics. Duties to and Values in the Natural World*, Philadelphia, Temple University Press, 1988;

que ceux qui détectent des antivaleurs (*disvalues*) dans la nature ne le font que parce qu'ils sont prisonniers d'une perspective limitée. C'est leur myopie qui leur fait voir seulement du désordre, de la contingence, de l'indifférence, de l'égoïsme, de la cruauté, de la laideur, de la maladresse, de la souffrance et de la mort. Non que de telles situations n'existent pas dans la nature sauvage, bien au contraire. Mais l'œuvre propre du naturel est de transformer ces antivaleurs en valeur : « Objectivement et globalement, on trouve à la fois de l'antivaleur et de la valeur, et la transmutation de l'antivaleur en valeur »[1]. Il est remarquable que, selon notre auteur, cette transmutation n'aille jamais dans l'autre sens (de la valeur vers l'antivaleur). Il ressuscite, incontestablement, une tradition d'émerveillement devant le monde naturel : « L'histoire naturelle, si on suit intégralement son intrigue (*The whole storied natural history*), constitue pratiquement une série de miracles, d'événements merveilleux et fortuits, capables de déployer ce qui est potentiel »[2]. À première vue, on peut craindre le pire devant une telle posture : ne constitue-t-elle pas une régression vers une conception précartésienne du monde ? Ne revient-elle pas à faire de la Nature quelque Déesse, ou quelque autre sorte de puissance imaginaire ? Pour comprendre la stratégie de Rolston, il faut voir qu'elle est dirigée contre une conception subjectiviste de la valeur. S'il est vrai, comme nous invite à le penser l'exigence d'objectivité constitutive de la science moderne, qu'existe une séparation étanche entre le domaine des faits et le domaine des valeurs, il s'ensuit que ce dernier n'est constitué que par une activité donatrice de valeur (il s'ensuit également que de l'être au devoir être la conséquence n'est pas bonne). Mais si c'est par

– *Conserving Natural Values*, New York, Columbia University Press, 1994.

1. « Disvalues in Nature », *op. cit.*, p. 278.
2. *Conserving Natural Value*, *op. cit.*, p. 208.

un acte de volonté que le domaine des valeurs est constitué, on peut craindre que les entités valorisées ne le soient que conditionnellement et provisoirement : ce qui est donné peut tout aussi bien être repris. Rolston va donc chercher aux valeurs un *fundamentum in re*. À première vue, sa démarche semble tout à fait inadaptée à cet objectif car il fait d'emblée de celle-ci des qualités secondes d'un genre un peu particulier (pour l'anecdote, on notera qu'il les nomme des qualités tertiaires) ; or, s'il y a un point qui semble au-delà de toute contestation, c'est bien que les qualités secondes sont subjectives et dépendent d'une expérience mentale. Mais il y a qualité seconde et qualité seconde : chez Locke, les qualités secondes sont des puissances, dans les choses, de produire des expériences sensorielles telles et telles ; chez Hume, ce sont ces expériences elles-mêmes, des « perceptions de l'esprit ». C'est plutôt au sens de Locke que Rolston parle de qualités secondes. Cela signifie à tout le moins que les valeurs sont des « puissances d'agir en différentes manières sur d'autres choses » : ce sont des dispositions permanentes de la réalité. En ce sens, l'émerveillement est le type d'émotion qui accompagne l'expérience des propriétés axiologiques de la nature.

Pour établir l'objectivité des valeurs dans le réel, il va procéder en plusieurs étapes. En premier lieu, il va affirmer que la différence entre théorie scientifique et savoir spontané n'est pas absolue : nous utilisons toujours des termes chargés en théorie, même pour décrire des expériences relativement proches de notre accès direct et naïf aux choses. Notre auteur estime que la présence de tels termes est l'indice de décisions conceptuelles relatives à la nature de la réalité ; mais ces décisions conceptuelles, bien loin d'être un obstacle sur la voie de l'objectivité en sont plutôt des préconditions. En ce sens, il y a continuité entre « le monde commun de l'expérience » et « l'impressionnante force d'observation de la science »[1], le

---

1. *Philosophy Gone Wild*, *op. cit.*, p. 98.

premier recevant seulement de la seconde un surcroît de précision et de rigueur. Maintenant, lorsque nous avons affaire aux êtres vivants, ces expressions chargées en théorie incorporent spontanément des termes de valeur. Nous n'hésiterons pas à parler de la valeur camouflante du plumage d'une buse, ou de la valeur pour la survie de certaines mutations ; de façon plus articulée, nous parlerons de la valeur de la glycolyse ou du cycle de Krebs pour la respiration cellulaire. L'idée essentielle est la suivante : le vocabulaire des valeurs ne se perd pas en route lorsqu'on passe d'une description naïve à une description sophistiquée des fonctions du vivant ; il fait intégralement partie de l'une et de l'autre. Il en est ainsi parce que, fondamentalement, les êtres vivants sont des organismes ayant un bien-propre : réaliser un état de développement conforme à leurs dispositions naturelles. Rolston écrit ainsi : « Un organisme croît, répare ses blessures, résiste à la mort et se reproduit. Chaque dotation génétique est, en ce sens, une dotation normative bien que non-morale ; au-delà de ce qui *est*, elle suggère ce qui *doit être* »[1]. Il y a donc, objectivement, de la valeur dans la nature, valeur qui s'attache à des formes de vie et ne se limite pas à des parties isolées de celles-ci : à certains égards, le vivant pose ses propres valeurs, indépendamment de toute intervention humaine. Rolston ne veut pas dire que ces valeurs sont susceptibles de servir de modèle pour les êtres humains dans leurs rapports mutuels. Nul plus que lui n'est attentif à la différence entre nature et culture : ces valeurs objectives, dont les êtres humains ne sont pas les auteurs, justifient une éthique de l'environnement allant au-delà de l'usage avisé de celui-ci ; elles ne justifient pas du tout que les hommes se mettent à vivre « sauvagement ». Au demeurant,

---

1. *Environmental Ethics*, *op. cit.*, p. 257. La démarche de Rolston s'apparente ici à celle de P. Taylor dans *Respect For Nature. A Theory of Environmental Ethics*, Princeton, Princeton University Press, 1986. Les organismes, à titre individuel, sont, dans les deux cas, conçus comme des centres de vie s'efforçant de réaliser leur bien spécifique.

Rolston affirme explicitement qu'il est vain de chercher à détecter des intentions dans la nature[1]. Il est donc également vain de chercher à s'en inspirer.

Une question se pose encore toutefois : à supposer qu'il existe bien des valeurs dans la nature, pourquoi faudrait-il les respecter ? Rolston a prévu ce genre d'objection. Il y répond en avançant un argument que je prends la liberté de baptiser « argument du vandalisme » – au sens de la note 1, p. 55. Ainsi, les paysages (*Landscapes*), comprenant par là les sites et les êtres vivants qui les peuplent, sont comparables à des palimpsestes. C'est une variation inédite sur le thème du grand livre de la nature. Là où Galilée invitait le lecteur à en apprendre la langue intemporelle, celle des mathématiques sans laquelle il est humainement impossible d'en saisir le moindre mot, Rolston s'intéresse à sa matérialité afin d'y déchiffrer la trace de ce qui fut. Et ce qui fut, depuis des temps immémoriaux, c'est la fécondité et la créativité d'un processus dynamique, d'un « système qui n'a pas de moi (*self*) et qui, pourtant, s'organise de lui-même (*is … self-organizing*) »[2]. Ce lent et long travail de la vie terrestre, « une biographie advenant dans une géographie »[3] fait des êtres qu'il appelle à l'existence des êtres qui commandent le respect par leur âge, leurs souvenirs ou leur beauté.

Il semble que Rolston, en procédant de la sorte, amalgame en fait deux théories distinctes :

– il veut dire, sans doute, que la nature, sans être un tel système, manifeste toutefois des propriétés qui sont celles d'un système ouvert : elle n'est pas seulement auto-régulatrice, mais encore auto-organisatrice, créative et féconde. En particulier, elle fait venir à l'être des organismes qui ont une

---

1. « We do not want to ascribe purposes to nature », *Environmental Ethics*, *op. cit.*, p. 197.

2. *Conserving Natural Values*, *op. cit.*, p. 181.

3. *Ibid.*, p. 178.

dimension néguentropique essentielle. En opérant de la sorte, elle fait entrer dans le monde des êtres manifestant des propriétés ontologiques radicalement nouvelles et se déclare en faveur d'elle-même [1] : de la sorte, elle est créatrice de valeurs.

– Mais il veut dire aussi que le processus par lequel elle opère en faisant venir les organismes à l'existence est, en lui-même, créateur de valeur. En ce sens, la métaphore du palimpseste n'est peut-être pas tout à fait appropriée : un palimpseste est un parchemin qui a été gratté pour qu'on y écrive un texte nouveau. Si Rolston avait comparé le travail de la nature aux repentirs d'un peintre, c'est-à-dire aux modifications et aux reprises qu'il effectue à partir d'un état provisoire de son tableau, il aurait peut-être mieux fait apparaître son idée : la valeur d'une œuvre est, au moins en partie, fonction de sa genèse, raison pour laquelle une reproduction, même parfaite, n'a pas à nos yeux la valeur de l'original. Il s'agit ici d'une variation inédite sur le thème classique de la nature artiste [2].

Les choses sont assez différentes chez J. Baird Callicott. Celui-ci n'a pas spécialement pour cible une théorie subjectiviste de la valeur ; il affirme, au contraire, s'inspirer – de façon, il est vrai, très idiosyncrasique – de la philosophie morale de Hume, défenseur tout à fait conséquent d'une telle théorie [3]. La

---

1. Cette thèse apparaît également chez H. Jonas, *Le Principe responsabilité*, Paris, Cerf, 1990, par exemple p. 117-118 ; et chez F. Mathews, *The Ecological Self*, *op. cit.*, p. 103. Elle a incontestablement une dimension religieuse : dans le livre de la Genèse, Dieu Se déclare en faveur de Sa Création et de Sa Créature en voyant que cela est bien.

2. Le lecteur se demandera sans doute si une telle conclusion est compatible avec le refus très net d'attribuer des intentions à la nature, tel qu'il s'exprime dans la citation, note 1, p. 63. À cela, il est possible de répondre par ce qui est presque devenu un lieu commun en matière de création artistique : l'œuvre s'accomplit en excédant les intentions de l'artiste et en partie contre elles.

3. Le terme « subjectivisme » prête à confusion ; il peut désigner, comme chez Rolston, la thèse selon laquelle les valeurs n'ont pas d'existence objective, c'est-à-dire en dehors d'une conscience évaluatrice. Il peut aussi désigner la thèse selon laquelle la morale est une affaire de sentiment et non de raison.

partie critique de ses analyses vise plutôt une orientation indi-
vidualiste de la morale moderne. À ceux qui seraient tentés d'y
voir une remise en cause de la tradition humaniste, on peut
signaler qu'il s'agit presque d'un *topos* de la pensée américaine. Ainsi, Santayana affirme, dès 1911, dans sa conférence :
« The Genteel tradition in American Philosophy », à propos
des systèmes philosophiques depuis Socrate :

> Ce sont des sytèmes de la culture de l'ego ; directement ou
> indirectement, ils sont anthropocentriques ; ce qui les inspire,
> c'est l'idée pleine de suffisance selon laquelle l'homme, ou sa
> raison, ou la distinction posée par lui entre le bien et le mal, sont
> le centre et le pivot de l'univers [1].

Callicott a relevé cette tradition en entrant, de façon plutôt
brutale, dans le débat relatif à la libération animale. Son article
de 1980, « Animal Liberation : a Triangular Affair » [2] est une
attaque en règle des thèses de l'humanisme éthique (*ethical
humanism*) – selon lequel seuls les êtres humains sont des
membres à part entière de la communauté morale –, mais aussi
du moralisme plein d'humanité (*humane moralism*) – selon
lequel les frontières de celle-ci doivent être étendues jusqu'à
englober la vie sensible. Son objectif étant de fonder une
éthique de l'environnement, Callicott s'emploie essentiellement à critiquer les secondes sans opérer, pour autant, un
retour pur et simple vers les premières. Il vaut la peine de voir
ce que sont les arguments de Callicott contre les thèses de la
libération animale, ses critiques étant d'ailleurs supposées

Callicott pense que les valeurs sont virtuelles dans la nature et que la conscience
les actualise ; en ce sens, il n'est pas si éloigné de Rolston . Son subjectivisme
consiste surtout à nier le caractère de part en part rationnel de la morale.

1. « The Genteel Tradition in American Philosophy », cité par B. Devall et
G. Session, dans *Deep Ecology. Living as if Nature Mattered*, Salt Lake City,
Peregrine Smith Books, 1985, p. 47.

2. Initialement publié dans *Environmental Ethics*, 2 (1980), p. 311-338 ;
repris dans *In Defense of Land Ethic, op. cit.*, p. 15-38. C'est d'après cet ouvrage
que je cite.

valoir aussi, dans une certaine mesure, contre les analyses qui attribuent des droits aux animaux[1]. Si on laisse de côté les remarques assez ironiques sur le caractère irréaliste d'une telle libération, les deux principaux sont les suivants :

– ceux qui font de la sensibilité le critère unique d'inclusion dans la communauté morale ont choisi la voie de la lâcheté (« *The uncourageous approach* »). Ils considèrent, en effet, que la souffrance est, inconditionnellement, un mal dont il faut se préserver et qu'il faut éviter aux autres, bêtes comprises. C'est une axiologie de dégoûtés de la vie qui ne songent qu'à s'économiser. Et Callicott trouve ici des accents presque nietzschéens pour souligner le caractère fondamentalement ambigu de l'existence organique, laquelle ne fait preuve ni d'égards, ni de pitié, ni de justice et offre à chaque être vivant sensible un lot où sont inextricablement mêlées avec le plaisir toutes sortes d'angoisses, de frustrations, de douleurs et même de souffrances intenables (*Agony*).

– Mais cette attitude existentielle douillette n'est pas sans conséquences politiques, au sens large : les radicaux à la Singer se proposent, au fond, d'étendre aux animaux les avantages qu'ils ont puissamment contribué à mettre en place au bénéfice des êtres humains. Bien entendu, il ne s'agit pas d'instaurer une politique de prestations familiales, sociales ou éducatives pour les bêtes ; mais, toutes choses égales par ailleurs, il s'agit bien de leur conférer certains avantages modestes (les mettre à l'abri d'une exploitation excessive ou de souffrances évitables par exemple). Il est déjà très contestable, pour Callicott, de considérer les animaux comme de moindres humains ; mais, plus profondément, les moralistes pleins d'humanité se révèlent, dans leur théorie comme dans leur pratique, incapables de penser correctement les relations

---

1. Voir par exemple son « Review of Tom Regan, *The Case for Animal Rights* », initialement publié dans *Environmental Ethics*, 5 (1985), p. 365-372 ; repris dans *In Defense of Land Ethic*, *op. cit.*, p. 39-47.

entre la collectivité et les individus. À leurs yeux, ces der-
niers sont essentiellement des bénéficiaires de prestations
ou d'avantages que seule la collectivité est en mesure de leur
apporter et doit leur apporter. On reconnaît là un argument
typiquement communautariste en matière de justice distribu-
tive : ce ne sont pas les préférences des individus, telles qu'elles
se trouvent façonnées par les rencontres de leur histoire personnelle, qui constituent la norme du juste. Au contraire, c'est la
forme de vie d'une communauté qui détermine la hiérarchie
des biens à distribuer : le poids donné aux préférences personnelles dépend de la façon dont les individus promeuvent cette
forme de vie. De fait, Callicott va raisonner en communautariste convaincu : ce qu'il reproche, fondamentalement, aux
moralistes pleins d'humanité, c'est de n'avoir pas compris que
les animaux, selon qu'ils sont domestiques ou sauvages,
appartiennent à deux communautés radicalement différentes.

Les animaux domestiques sont des « créations humaines »,
des « artefacts vivants »[1]. À ce titre, ils sont tout aussi peu naturels que des bulldozers ou des centrales thermiques. Livrés à
eux-mêmes dans la nature, ils seraient susceptibles, à supposer
qu'ils survivent assez longtemps, d'y causer tout autant de
dégâts. Mais ces artefacts vivants font partie d'une communauté mixte où figurent aussi les êtres humains, qui les y
ont d'ailleurs fait entrer. Une telle communauté, comme
n'importe quelle autre communauté d'êtres sensibles, n'a
pu se développer et se perpétuer que parce que des liens de
sociabilité y ont opéré : ce sont des liens « de sympathie, de
compassion, de confiance, d'amour et ainsi de suite »[2].

---

1. *In Defense of Land Ethic*, *op. cit.*, p. 30.
2. « Animal Liberation and Environmental Ethics : Back Together
Again », *In Defense of Land Ethic*, *op. cit.*, p. 52. Cet article a été publié à
l'origine dans *Between the Species*, 5 (1988), p. 163-169 ; Callicott tente d'y
réconcilier ses propres analyses et celles des partisans de la libération animale
ou des droits des animaux.

Ces liens, il faut le remarquer sont réciproques. Mais ce sont des liens « sentimentaux » (Callicott emploie le terme très humien de *feeling*) et le vocabulaire des droits et des devoirs est singulièrement inapproprié pour les caractériser de façon adéquate. Ce qui se passe avec certaines formes contemporaines d'appropriation et d'instrumentalisation de l'animal, c'est que ces liens immémoriaux sont bafoués. On y dénie la vie subjective des bêtes en les traitant en simples automates insensibles, alors que c'est précisément l'existence d'une telle vie subjective qui a rendu leur domestication possible. Les animaux domestiques sont souvent, en effet, des animaux sociaux ayant la capacité innée de comprendre [1] certains signaux et d'y répondre ; c'est parce que les êtres humains ont pu détourner à leur profit ces réponses que la domestication a eu lieu. En traitant les animaux domestiques de façon irresponsable, les hommes donnent priorité à leurs préférences au détriment du bien commun : c'est, aux yeux d'un partisan des thèses communautaristes, l'injustice par excellence.

Les choses sont tout à fait différentes en ce qui concerne les animaux sauvages. Par définition, leurs relations interspécifiques ne sont pas de domestication, ni d'apprivoisement. N'en déplaise aux moralistes pleins d'humanité, la nature a bel et bien les griffes et les crocs rouges : il serait vain de chercher à y faire prévaloir des restrictions normatives qui n'ont de

1. Comprendre ? Tout le problème est là. Callicott, qui suit d'assez près les analyses de la philosophe britannique M. Midgley (*Animals and why they matter. A Journey around the Species Barrier*, Harmondsworth, Penguin Books, 1983), admet que les animaux ont une vie mentale assez complexe pour que des relations quasi-personnelles s'établissent entre les humains et eux au cours du processus de domestication. Mais si les animaux répondent de façon préprogrammée à certains signaux, sans avoir la moindre représentation de ce qui se passe en fait, toute cette dimension subjective des rapports hommes/bêtes est une pure et simple illusion. Reste alors le fait de la souffrance que les êtres humains infligent indéniablement aux animaux. Mais il n'est pas besoin d'adhérer aux thèses communautaristes pour abhorrer la souffrance : c'est justement ce que Callicott reproche aux moralistes pleins d'humanité.

sens qu'à l'intérieur des communautés humaines. Toutefois, Callicott estime, comme A. Leopold[1], dont il est le disciple, que le monde sauvage constitue effectivement un type de communauté, la communauté biotique; en bon communautariste, il pense également que toute communauté morale articule et construit une forme de bien pour ses membres. Reste à savoir ce qu'est, au juste, la communauté biotique: on saura alors quelle forme de bien elle élabore pour ses membres. Le terme «communauté biotique» vient de l'écologie où il désigne un assemblage d'espèces co-occurentes: les communautés biotiques ne sont pas composées d'individus mais d'espèces[2]. Une communauté biotique (ou biocénose) est l'ensemble des êtres vivants, végétaux et animaux, micro-organismes compris, qui ont trouvé dans un milieu donné (leur biotope) des conditions leur permettant de vivre et de se reproduire. L'ensemble formé par un biotope et une biocénose est un écosystème; l'ensemble des écosystèmes terrestres est la biosphère. En ce sens, «l'éthique de la terre (*land ethic*) se contente d'étendre les frontières de la communauté jusqu'à leur faire inclure les sols, les eaux, les plantes et les animaux; soit, collectivement, la terre»[3]. Voici donc présentés les membres de la communauté biotique. Quel est leur bien? Leopold estime que les communautés biotiques ralentissent,

---

1. A. Leopold (1887-1948) n'est pas un philosophe mais un écologue et un professeur de gestion forestière. Son recueil d'essais posthumes *A Sand County Almanac* (New York-Oxford, Oxford University Press, 1949) est un bel exemple de littérature de la *wilderness*, dans la tradition de H. D. Thoreau. C'est là qu'on trouve l'essai *The Land Ethic*, vingt-cinq pages qui ont inspiré tout un débat. Cet ouvrage a été traduit en français sous le titre: *Almanach d'un comté des sables*, Paris, Aubier, 1995

2. La définition de la communauté biotique comme assemblage d'espèces co-occurentes est de l'écologue C. H. Peterson; elle est citée p. 107 de *The Background of Ecology. Concept and Theory* de R. P. McIntosh, Cambridge, Cambridge University Press, 1985, ouvrage qui constitue une très bonne introduction à l'histoire et aux concepts de l'écologie.

3. A. Leopold, *A Sand County Almanac*, *op. cit.*, p. 204.

diversifient et complexifient des flux de substances et d'éner-
gie le long de chaînes trophiques, depuis le sol jusqu'aux
prédateurs, en passant par les plantes et les herbivores. Il est
même très affirmatif : « La science nous a apporté beaucoup de
doutes, mais elle nous a donné au moins une certitude :
l'évolution tend à élaborer et à diversifier les biota » [1]. Une
telle tendance à l'élaboration et à la diversification est bien le bien
de la biosphère, cette communauté ultime; le bien de ses
membres, c'est-à-dire de ses espèces, est alors fonction du
bien de la communauté elle-même : « une chose est juste
lorsqu'elle tend à préserver l'intégrité, la stabilité et la beauté
de la communauté biotique. Elle est injuste lorsqu'elle tend à
faire autre chose » [2]. On comprend alors en quel sens Callicott
peut soutenir une théorie subjective de la valeur. Ce travail de
diversification de la nature ne serait pas reconnu sans l'activité
d'une conscience. Mais il est reconnu par cette conscience
pour ce qu'il est et pour ce qu'il vaut : créateur de stabilité,
d'intégrité et de beauté. On comprend aussi que le sort des animaux sauvages individuels ne le préoccupe pas outre mesure :
la souffrance est le prix à payer pour accéder à un certain degré
de complexité et c'est faire preuve de sensiblerie que de l'ou-
blier. Nous ne sommes pas, nous les êtres humains, compta-
bles de leurs *souffrances*. En revanche, nous sommes respon-
sables de leur *existence*, et voici pourquoi. Il n'aura échappé à
personne que l'humanité occupe dans cette économie de la
nature une place très particulière. Les autres êtres vivants
contribuent en silence à l'élaboration de la communauté
biotique et à l'instauration de ses valeurs. Quoi qu'ils fassent,
ils ne sauraient véritablement aller contre son intégrité, sa
beauté et sa stabilité. Ils font circuler la vie dans des circuits de
plus en plus complexes et diversifiés, mais ils ne le savent pas.
Tout cela se fait, pour ainsi dire, en dehors d'eux et c'est sans en

1 . *Ibid.*, p. 216.
2 . *Ibid.*, p. 224-225.

avoir conscience qu'ils sont des membres actifs de la communauté biotique. Les êtres humains ne sont, en un sens, que des compagnons de voyage pour les autres créatures dans l'Odyssée de l'évolution ; de ce point de vue, ils n'ont aucun privilège sur qui que ce soit ou sur quoi que ce soit. Mais, capables de reconnaître la valeur inhérente de ce processus, ils sont par ailleurs capables, en tant qu'auteurs et acteurs de technologies puissantes, de le réorienter dans le sens d'une plus grande simplification : la technologie ouvre la possibilité d'une évolution à rebours. C'est, par excellence, ce qui se passe lorsque les êtres humains détruisent des habitats pour les «développer» : des membres de la communauté biotique disparaissent à jamais, qui sont pourtant leurs proches. C'est pourquoi Leopold (et Callicott après lui) donnent un précepte : «penser comme une montagne». La formule a suscité les sarcasmes de L. Ferry. Elle signifie simplement que lorsque l'on a affaire à la nature sauvage, il faut élargir son horizon temporel : l'odyssée de l'évolution ne se mesure pas en années loin d'Ithaque, mais en millions d'années (-1450 Ma depuis les premières cellules eucaryotes). Agir à courte vue lorsqu'on a affaire à la nature sauvage est, encore une fois, faire prévaloir les intérêts d'une partie des membres de la communauté sur l'intégrité de celle-ci.

On peut refuser d'admettre les termes mêmes dans lesquels les communautaristes posent les problèmes moraux. Comme les formes de vie wittgensteiniennes auxquelles elles sont parfois explicitement comparées, les communautés sont ultimes : lorsqu'on en débat, il n'est pas question de déterminer le vrai et le faux mais d'établir ou non une *Übereinstimmung* (*Philosophische Untersuchungen*, I, § 241). Il suffirait alors, pour clore ce type de question, de faire état d'un désaccord global. Il est difficile de se faire à cette façon de procéder : mais en réalité, Callicott semble commettre, de façon parfaitement banale, un paralogisme naturaliste. Il affirme que nous devons (moralement) préserver ou promouvoir la communauté biotique parce que :

I) la science a prouvé que l'environnement naturel est une communauté dont les hommes sont membres.

II) « Nous avons tous, de façon générale, une attitude positive envers la communauté ou la société dont nous sommes membres »[1].

À supposer même que les propositions (I) et (II) soient incontestablement établies, elles énoncent des faits relevant de l'écologie ou de la psychologie, ce que Callicott est le premier à admettre. Mais les psychologues et les sociologues n'auraient sans doute pas de mal à établir qu'un gang est une communauté et que les gangsters ont, la plupart du temps, une attitude positive envers celle-ci. Cela ne suffit pas à établir la moralité des activités qui se pratiquent, en général, dans les gangs. Pour parer à ce type d'objection, Callicott pourrait sans doute répondre que la communauté biotique est une communauté *morale* parce que la tendance vers la complexité et la diversification des biota représente une valeur *morale* (contrairement à la tendance au chantage et aux attaques à main armée qui se rencontre chez les gangsters). Ce n'est pas exclu ; mais la charge de la preuve semble véritablement écrasante.

Il est temps de conclure, ce que je voudrais faire en mettant en perspective ce qui vient d'être dit, puis en indiquant, au moins en principe, ce que pourrait être une philosophie de la nature sauvage et des animaux qui s'y rencontrent.

L. Ferry semble considérer qu'il y a une sorte de pente fatale menant de la compassion pour les êtres naturels jusqu'à l'écologie profonde[2]. On commencerait par écouter J. Feinberg ou P. Singer et on se retrouverait adepte de W. Fox

---

1. « Hume's *Is/Ought* Dichotomy and the Relation of Ecology to Leopold's Land Ethic », dans *In Defense of Land Ethic*, *op. cit.*, p. 127.

2. *Le nouvel ordre écologique*, Paris, Grasset, 1992, p. 30-33.

ou de A. Naess. Le diagnostic paraît profondément erroné. La conception des défenseurs des droits de l'animal est relativement classique : le critère d'inclusion dans la communauté morale n'est certes pas l'autonomie au sens kantien, mais il continue de s'appliquer à des individus clairement identifiables. La situation est effectivement plus délicate en ce qui concerne les partisans de la libération animale. C'est probablement parce que leur égalitarisme de principe les conduit à des comparaisons interspécifiques plutôt risquées ; mais les plantes, les écosystèmes, les espèces, la terre ne font pas partie de la communauté morale. La frontière de celle-ci est nettement dessinée : les étrangers sont ceux qui n'ont pas les propriétés caractéristiques des êtres sensibles. Plus d'individus sont admis à bord de l'Arche, mais ce sont encore des individus.

En revanche, beaucoup de philosophes de la *wilderness*, même ceux qui ne partagent pas le holisme de Callicot, parlent (trop) volontiers l'idiome de la postmodernité[1] : l'individualité de l'*ego* souverain y est subvertie de toutes parts pour se défaire et devenir un simple effet de l'évolution torrentielle ou un pur reflet dans une communauté scintillante de vivants. Rolston écrit, par exemple : « Le moi a une membrane semiperméable »[2]. Et Callicott parle, avec sévérité de l'égoïsme du courant dominant de la philosophie morale moderne : « *Je* suis certain que *moi*, enveloppé dans mon *ego*, j'ai une valeur intrinsèque ou inhérente ; les "autres" doivent donc prendre en considération *mes* intérêts, en tenir compte lorsque leurs actions sont susceptibles de *m'*affecter de façon significative »[3]. Il serait fastidieux de continuer à accumuler des citations de ce genre : elles tendraient toutes à montrer que

1. Callicott figure en bonne place dans la bibliographie post-moderne accompagnant le fameux canular de Sokal (http://www.larecherche.fr).

2. *Philosophy Gone Wild*, *op. cit.*, p. 100.

3. « The Conceptual Foundations of the Land Ethic », dans *In Defense of Land Ethic*, *op. cit.*, p. 84.

ces pensées-là ne sont plus arrimées à la tradition indivi-
dualiste libérale.

Peut-être cette tradition a-t-elle été mal défendue par ceux
qui ont cherché à étendre aux animaux, domestiques puis sauvages, une protection comparable à celle dont jouissent les
êtres humains : dès lors que l'individualité n'est plus discernable, les intérêts ne sont plus assignables. Cela se produit très
vite dans la nature sauvage, contrairement à ce qui se passe
dans les sociétés humaines.

Je propose de faire le chemin dans l'autre sens et de partir
de la *wilderness* pour remonter jusqu'à la culture, à partir
d'une suggestion de M. Sagoff ; je l'infléchirai, toutefois, dans
un sens qui n'est pas exactement le sien. Dans un recueil d'articles intitulé *The Economy of the Earth*[1], il mène une réflexion
sur les lignes de conduite en matière de choix industriels et
sociaux. Le contexte est fortement nord-américain et la cible
de Sagoff est la politique consistant à décider ces questions
sur la base d'une analyse coûts-bénéfices. À qui procède ainsi,
certains effets indésirables de la ligne de conduite envisagée
(problèmes de santé publique, nuisances diverses, destruction
d'espèces sauvages) apparaissent comme des défaillances du
marché : l'activité d'un agent économique risque d'occasion-
ner une perte de bien-être à un autre agent ; si on n'évalue pas
correctement le prix de la santé publique maintenue, des paysages intacts et de la survie des espèces, cette perte ne sera pas
compensée. Il existe, bien entendu, de nombreuses procédures
permettant de remédier, jusqu'à un certain point, à ces
défaillances du marché[2]. C'est le principe même d'un tel
calcul qui est contesté par Sagoff. Mais, s'il remet en cause

1. *The Economy of the Earth*, Cambridge, Cambridge University Press,
1988.
2. Deux livres font le point sur toutes ces techniques : *Économie et
politique de l'environnement* de J. P. Barde, Paris, PUF, 1991 et *Economics of
Natural Ressources and the Environment* de D. W. Pearce et R. Kerry Turner,
Londres, Harvester Wheatsheaf, 1990.

le « ressourcisme », ce n'est pas au nom d'une valeur inhérente
ou intrinsèque de la nature. Il se demande simplement ce
qu'est le statut des lois destinées à protéger la santé publique, les paysages ou les espèces ; il ne s'agit pas essentiellement d'outils destinés à affiner le calcul économique : elles
« …expriment ce que nous croyons, ce que nous sommes, ce
que nous représentons à titre de nation, pas seulement ce que
nous désirons acheter à titre d'individus »[1]. Un exemple
simple fera comprendre ce qu'il veut dire. Si l'existence du
pygargue à tête blanche (*Heliaeetus leucocephalus*) était
menacée par un projet d'implantation industrielle, il est plus
que vraisemblable que ce projet serait abandonné. S'agirait-il
d'éviter une perte de bien-être aux amoureux de la nature ?
Non sans doute ; car cet oiseau n'est autre que l'aigle chauve,
typiquement américain, que l'on retrouve sur les armoiries de
États-Unis, sur les timbres à 1$ et à 2$90 émis à l'occasion des
Jeux Olympiques de Los Angeles et d'Atlanta, sur l'insigne de
manche de la 101e division aéroportée (*Screaming Eagles*),
etc. Cet oiseau, superbement illustré par J. J. Audubon dans
The Birds of America a valeur, en un mot, de symbole. Une
telle analyse, évidemment, est communautariste et on peut
toujours rétorquer que la valeur symbolique de l'aigle chauve
n'est pas perceptible à un Britannique ou à un Français : à
chaque tribu ses totems.

Cette objection est parfaitement fondée. Mais dépouillons
la thèse de Sagoff de sa dimension communautariste. Elle peut
alors signifier ceci : la nature sauvage et les êtres qui la peuplent sont un élément essentiel de la constitution de l'identité
des individus. Il en est ainsi parce qu'elle donne à voir ce qui
n'a pas été instrumentalisé et suggère par là ce que pourrait
être un individu moins fragmenté, moins éparpillé, moins
plongé dans le « désespoir tranquille » qui est le lot d'*homo
œconomicus*. Il ne s'agit pas de dire que la nature sauvage nous

---

1. *The Economy of the Earth*, *op. cit.*, p. 16-17.

donne des exemples à suivre; elle nous rappelle, simplement, que toutes les valeurs ne sont pas économiques, même si certaines valeurs sont économiques. Qui comprend cela parvient à un meilleur état de soi-même; et qui parvient à un meilleur état de soi-même aura certainement du mal à admettre comme allant de soi bien des usages de l'animal domestique.

N. L. Rosenblum a montré, dans un petit chef-d'œuvre de *gaya scienza*: *Another Liberalism. Romanticism and the Reconstruction of Liberal Thought*[1], que la pensée libérale a tout à gagner à l'incorporation de certains thèmes romantiques (héroïsme, détachement, loi du coeur, exaltation de l'individualité) qui, à première vue, lui semblent tout à fait étrangers. C'est particulièrement le cas avec le thème de la *wilderness*.

---

1. Cambridge (MA) et Londres, Harvard University Press, 1987.

TEXTES ET COMMENTAIRES

TEXTE 1

DONALD DAVIDSON
« ANIMAUX RATIONNELS » (1982)[1]

L'idée que la pensée – croyance, désir, intention et
attitudes semblables – requiert le langage est contestable, mais
elle n'est sans doute pas nouvelle. La version particulière de
cette thèse que je veux avancer doit être distinguée de diverses
autres versions voisines. Par exemple je ne crois pas qu'on
puisse réduire la pensée à l'activité linguistique. Je ne tiens pas
pour plausible l'idée que les pensées puissent être réduites à,
ou mises en corrélation avec, des phénomènes caractérisés en
termes physiques ou neurologiques. Je ne vois pas non plus de
raison de maintenir que ce que nous ne pouvons pas dire nous
ne pouvons pas le penser. Ma thèse n'est pas, par conséquent,
que l'existence de chaque pensée dépend d'une phrase qui
exprime cette pensée. Ma thèse est plutôt qu'une créature ne

1. Traduction par P. Engel, dans *Paradoxes de l'irrationalité*, Combas,
Éditions de L'éclat, 1991, p. 63-75 (p. 69-71 pour le passage commenté).
«Rational Animals» a été publié dans *Dialectica*, 36 (1982), p 318-327.
L'article figure également dans l'ouvrage de E. LePore et B. McLaughlin (éd.),
Actions and Events. Perspectives on the Philosophy of Donald Davidson, 1985,
Oxford UK- Cambridge USA, 1985, troisième partie, section 29, p. 473-480.

peut pas avoir de pensée tant qu'elle n'a pas de langage. Pour être une créature pensante, rationnelle, la créature doit être capable d'exprimer de nombreuses pensées, et par-dessus tout d'interpréter le langage et la pensée d'autres êtres.

Comme je l'ai remarqué ci-dessus, cette thèse a souvent été défendue; mais sur quelles bases? Compte tenu de la popularité de la thèse, des rationalistes jusqu'aux pragmatistes américains, et même chez les philosophes analytiques contemporains, la pauvreté des arguments avancés est remarquable. Jusqu'ici j'ai fait observer qu'il était douteux qu'on puisse appliquer le test de l'intentionnalité aux animaux muets, et j'ai avancé le réquisit selon lequel pour que la pensée soit présente il doit y avoir un stock abondant de croyances générales et vraies. Ces considérations vont dans le sens de la nécessité du langage pour la pensée, mais elles ne la démontrent pas. En fait, tout ce que ces considérations suggèrent est seulement qu'il ne peut probablement pas y avoir beaucoup de pensée s'il n'y a pas de langage.

Contre l'idée de la dépendance de la pensée par rapport au langage, on évoque l'observation banale que nous réussissons à expliquer et quelquefois à prédire le comportement d'animaux sans langage en leur attribuant des croyances, des désirs et des intentions. Cette méthode vaut aussi bien pour les chiens et les grenouilles que pour les gens. Et, peut-on ajouter, nous n'avons pas d'autre schème général et pratique possible pour expliquer le comportement animal. Ces faits ne reviennent-ils pas à une *justification* de l'application de la méthode ?*

Sans aucun doute. Mais cela n'empêche pas qu'il soit incorrect de conclure que les animaux muets (c'est-à-dire incapable d'interpréter ou de s'engager dans une communication linguistique) ont des attitudes propositionnelles. Pour le voir, il suffit de réfléchir au fait que quelqu'un pourrait ne pas

---

* C'est la position avancée par Jonathan Bennett, *Linguistic Behavior*, Cambridge, Cambridge University Press, 1976.

avoir d'autre (ou de meilleure) explication des mouvements d'un missile à tête chercheuse que de supposer que le missile voulait détruire un avion et croyait qu'il pourrait le faire en se déplaçant de la manière dont on l'observait en train de se mouvoir. Cet observateur non informé pourrait avoir de bonnes raisons d'attribuer une croyance au missile ; mais il aurait tort. Je sais mieux ce dont il s'agit, par exemple, non parce que je sais comment le missile est construit, mais parce que je sais qu'il se meut de la manière dont il se meut parce qu'il a été conçu et construit par des gens qui avaient précisément les désirs et les croyances que mon ami ignorant attribuait au missile. Mon explication, bien que toujours téléologique et reposant sur l'existence d'attitudes propositionnelles, est une explication meilleure parce qu'elle n'attribue pas au missile le potentiel de comportement complexe qu'une créature pensante doit avoir.

Le cas d'une créature sans langage diffère de celui du missile sur deux points : de nombreux animaux sont beaucoup plus semblables aux humains par la gamme de leur comportement possible que ne peuvent l'être les missiles ; et nous ne pouvons savoir s'il y a une meilleure façon d'expliquer leur comportement qu'en faisant appel aux attitudes propositionnelles. Par conséquent, ce qu'il nous faut dire, pour établir notre thèse, c'est ce que le langage peut apporter qui soit nécessaire à la pensée. Car s'il y a une telle condition nécessaire, nous pouvons continuer à expliquer le comportement des créatures sans langage en leur attribuant des attitudes propositionnelles tout en reconnaissant en même temps que ces créatures n'ont en fait pas d'attitudes propositionnelles. Nous serons obligés de reconnaître que nous appliquons une structure d'explication qui est beaucoup plus forte que celle que requiert le comportement observé, et que le comportement observé n'est pas assez subtil pour justifier cette structure.

COMMENTAIRE

On prête à B. Cyrulnik la formule suivante : « Le jour où l'on comprendra qu'une pensée sans langage existe chez les animaux, nous mourrons de honte de les avoir enfermés dans des zoos ». Il est certain que les êtres humains n'ont pas lieu d'être particulièrement fiers de la façon dont ils traitent les (autres) animaux. D'un autre côté, le zoo n'est peut-être pas la pire des institutions : on pense immédiatement aux grands fauves tournant en rond dans une cage étriquée et vide de tout ce qui est susceptible de les stimuler. Mais les pensionnaires de l'*insectarium* ou du *terrarium* ne donnent pas l'impression de souffrir de maltraitances abjectes. Au fond, la formule de Cyrulnik est très révélatrice de la difficulté qu'il y a à employer le concept d'animalité comme s'il s'agissait d'une catégorie unique, s'appliquant aussi bien aux bonobos qu'aux charançons. Mais ce qui retiendra ici l'attention, c'est que le psychiatre-éthologue estime qu'il existe une « pensée sans langage » chez les animaux ou, plus vraisemblablement, chez certains d'entre eux. À ce titre, il prend parti dans un débat très ancien ; comme le suggère Davidson, il s'y range plutôt du côté de la minorité, attendu que la plupart des philosophes ont soutenu qu'une « créature ne peut pas avoir de pensée tant qu'elle n'a pas de langage ». Ce débat, comme c'est souvent le cas, gagne à être formulé d'abord en des termes contemporains, quitte à procéder ensuite rétrospectivement pour repérer et évaluer, dans les arguments autrefois avancés, les thèses des uns et des autres.

Chercher à déterminer s'il peut y avoir de la pensée là où il n'y a pas de langage, c'est chercher à savoir s'il peut y avoir des attitudes propositionnelles en absence de langage ; c'est d'ailleurs bien ainsi que Davidson introduit son propos. Expliquons-nous. Penser, c'est réaliser certains états mentaux d'un type particulier, que l'on a coutume de désigner par le terme d'attitudes propositionnelles. On peut distinguer des états mentaux tels que : douleurs, images résiduelles ou chatouillements. On peut aussi distinguer des actes mentaux tels que : croyances, désirs, craintes. Les états du premier type sont des sensations, ceux du second type sont des attitudes propositionnelles. La différence consiste en ceci que les énoncés qui décrivent, même en première personne, les attitudes propositionnelles, comportent une clause en « que ». Je ne peux pas croire sans croire, par exemple, que le facteur des paquets vient de sonner ; je ne peux pas espérer sans espérer qu'il va enfin m'apporter le livre commandé il y a plusieurs semaines. En revanche, « ça (me) chatouille » ou « ça (me) brûle » sont des expressions parfaitement intelligibles, même si elles ne comportent pas de clause en « que ». Lorsqu'il est question d'attitudes propositionnelles, ce qui suit la clause en « que » est une proposition et constitue le contenu propositionnel de l'état mental. Ce qui précède la clause en « que » est l'attitude propositionnelle. Deux actes mentaux peuvent avoir le même contenu propositionnel mais renvoyer à des attitudes propositionnelles différentes. Devant les mêmes cumulonimbus en train de se développer, un paysan peut redouter que le temps ne devienne orageux, tandis qu'un artiste photographe peut souhaiter que le temps devienne orageux. Notons que l'un et l'autre ne peuvent redouter ou souhaiter le changement de temps que s'ils croient, pour commencer, que le temps est en train de changer. Il semble donc que la croyance ait, au moins dans les cas typiques, un statut prioritaire sur les autres attitudes propositionnelles.

Dans ces conditions, peut-il exister des attitudes propositionnelles en l'absence de langage? Il semble bien que non. On ne peut pas dire de *X* qu'il entretient la croyance selon laquelle le temps est en train de changer si le sens de l'énoncé «le temps est en train de changer», ou de tout autre énoncé exprimant la même proposition, lui est en principe inaccessible. Ce sens peut lui être inaccessible pour toutes sortes de raisons : *X* peut souffrir d'une forme gravissime du syndrome de Korsakoff ou de toute autre affection psychiatrique ou neurologique. Mais si *X* est radicalement et irrémédiablement dépourvu de toute compétence d'ordre linguistique, on comprend que le sens de cette proposition – et d'ailleurs de n'importe quelle autre – lui reste à jamais inaccessible. En d'autres termes, une proposition désignant un état de fait réalisé, il semble qu'elle ne puisse être formulée que par la médiation d'un langage, ce qu'indique, au demeurant, la présence de la clause en «que». Mais il y a plusieurs façons de dénier aux bêtes langage et pensée.

On retient généralement d'Aristote qu'il a caractérisé l'homme comme l'animal politique et, du même mouvement, comme l'animal doué de langage. Les deux caractéristiques sont en fait étroitement liées, comme le montre le passage canonique des *Politiques*[1]. Le Stagirite y soutient que l'homme possède la parole (*logos*), les animaux n'étant dotés que de la voix (*phonê*). Il insiste sur la portée éthico-politique d'une telle distinction : la voix est le signe du douloureux et du plaisant, que les animaux peuvent éprouver. En donnant de la voix, ils se signifient les uns aux autres ce qu'ils éprouvent. D'ailleurs, le traité *De l'âme* explique que quand c'est agréable ou pénible, c'est comme si la sensation disait oui ou non[2]. La voix

1. *Les Politiques*, I, 2, 1253 a.
2. *De l'âme*, III, 7, 431 a 9-10.

des bêtes est donc ici expressive, peut-être même significative. Mais le discours – ou le langage – a pour fonction de manifester l'avantageux et le nuisible, et par suite le juste et l'injuste. Comme les familles et les cités se caractérisent par la façon dont elles se rapportent à ces valeurs, ce n'est que le vivant parlant qui, en toute rigueur, peut être caractérisé comme un animal politique[1]. Toutefois, on aurait tort de s'en tenir à ce seul aspect du propos aristotélicien. En réalité, comme c'est toujours le cas, le traitement des questions éthiques et politiques est tributaire de la façon dont ont été envisagées, en amont, d'autres questions. R. Sorabji a montré de façon magistrale[2] que le discours aristotélicien sur l'animal est tout entier structuré par une difficulté : déniant aux animaux la raison, la pensée, l'intellect et la croyance[3], le Stagirite va devoir, afin d'expliquer la complexité de leur comportement, accroître la part de ce qui, en eux, dépend de contenus perceptuels; mais pas l'accroître au point d'identifier perception, pensée et croyance. Sorabji va donc essayer de montrer que les animaux, tels que décrits par Aristote, exhibent, dans leurs activités perceptives, sinon des attitudes propositionnelles, du moins quelque chose qui n'en est pas fort éloigné. Prenons l'exemple d'un chien qui traque un gibier, truffe au sol, en flairant la trace laissée par celui-ci. Il est clair qu'une odeur se manifeste à lui. Mais on ne saurait décrire correctement la situation en soutenant que cette odeur lui apparaît, sans plus. C'est l'odeur du gibier qu'il traque et elle provient d'une certaine direction. Sorabji pense être l'interprète fidèle

---

1. Les interprètes disputent afin de déterminer si c'est bien cela qu'Aristote a voulu dire; ou si, au contraire, il a soutenu une thèse plus limitée, faisant de l'homme un animal politique à un plus haut point que les autres animaux grégaires.

2. *Animal Minds and Human Morals. The Origins of the Western Debate*, Londres, Duckworth, 1993.

3. Que les bêtes n'ont pas d'opinion a été établi dans le traité *De l'âme*, en III, 428 a 20-25.

d'Aristote en s'exprimant ainsi : le chien perçoit que l'odeur
du gibier provient d'une certaine direction ; à tout le moins, il la
perçoit comme provenant d'une certaine direction. On comprend alors ce qu'a voulu faire Sorabji : il a voulu montrer que,
même en l'absence de raison et de croyance, la vie mentale de
certains animaux est plus complexe qu'on pouvait le penser au
premier abord. Il est vrai que dans l'*Éthique à Nicomaque*[1]
Aristote affirme qu'un lion n'a pas de plaisir à voir une biche
ou une chèvre sauvage, mais bien à découvrir qu'il aura de
quoi manger. Mais c'est peut-être une simple façon de parler[2].
À tout le moins, Aristote semble concéder que, de même qu'il
y a quelque chose d'expressif et de significatif dans la voix des
bêtes, de même il y a quelque chose d'apparenté aux attitudes
propositionnelles dans leur vie mentale. Dans ces conditions,
il faut revenir sur la question du langage animal. Aristote
accorde, on l'a vu, une grande importance à la distinction entre
la parole et la voix. Mais que recouvre-t-elle au juste ? Dans le
traité *De l'âme*[3], il est affirmé que n'importe quel son, même
lorsqu'il est émis par un être vivant, n'est pas une manifes-
tation de la voix. Si c'était le cas, tousser pourrait être considéré comme un phénomène vocal, alors qu'il s'agit simplement d'un phénomène sonore. Pour qu'il y ait voix, il faut qu'il
y ait l'action d'un organe percuteur et qui s'accompagne d'une
certaine représentation. C'est en ce sens que la voix constitue
un son significatif. Si les animaux ont une voix, c'est donc
qu'ils associent, d'une façon ou d'une autre, l'émission d'un
son avec une représentation. Reste alors à déterminer ce qui
fait la différence entre les représentations qui ne sont que
l'occasion d'émissions vocales et celles qui sous-tendent
la production d'un discours. La question est complexe et

---

1. *Éthique à Nicomaque*, III, 1118 a 20-24.
2. Si l'affirmation devait être interprétée de façon littérale, elle signifierait
que le lion croit qu'il aura de quoi manger et s'en réjouit. On aurait alors la
clause en « que », indice certain de la présence d'une attitude propositionnelle.
3. *De l'âme*, II, 420b-421 a.

mobilise toute la théorie de la connaissance d'Aristote. En gros, l'idée est la suivante[1] : la perception sensible est une puissance de discrimination que l'on rencontre chez tous les animaux. Mais l'impression sensible persiste chez certains, tandis qu'elle ne dure pas chez les autres. Lorsqu'elle persiste, elle peut donner naissance à la formation d'une notion, par un processus d'accrétion, conduisant des souvenirs à l'expérience[2]. La différence entre la vie mentale des animaux et celle des êtres humains est alors la suivante : le flux des sensations ne laisse pas de traces dans l'âme de la plupart des bêtes ; ou des traces trop peu nombreuses et trop peu variées pour que la masse des souvenirs s'organise en concepts. C'est une différence de degré plutôt que de nature.

Descartes conteste également qu'il existe un langage et une pensée chez l'animal. Mais c'est dans une perspective beaucoup plus radicale. Sa position officielle, en effet, est que les animaux sont des machines[3] ou des automates[4]. Les deux termes ne sont pas équivalents. Les machines sont, dans la langue classique, des instruments propres à communiquer le mouvement par la mise en œuvre de la force « du feu, de l'eau, de l'air et de tous les autres corps environnant l'homme »[5] ; les automates sont des machines capables de se mouvoir par ressorts et d'imiter, en se mouvant, les êtres animés. Tout ceci choque le sens commun : ce dernier concéderait volontiers qu'un insecte est un automate génétique réalisant, de façon aveugle, une sorte de programme. Mais il refuserait d'admettre qu'une chatte qui va dissimuler ses chatons nouveau-nés après que ceux des précédentes portées lui ont été

---

1. *Seconds analytiques*, II, 19, 99b-100b.

2. Aristote compare ce processus à l'action de quelques soldats courageux qui parviennent à mettre fin à une débandade, simplement en restant à leur poste.

3. *Discours de la Méthode*, V.

4. *Lettre à Morus* du 5 février 1649.

5. *Discours de la Méthode*, VI.

enlevés ressemble, en quoi que ce soit, à une machine.
Pourquoi une telle rupture? Descartes veut substituer, à la
philosophie incertaine et stérile héritée du Moyen Âge une
science dont la certitude s'égale à celle des mathématiques et
qui soit en mesure de produire toutes sortes d'effets permettant
aux hommes de devenir «comme maîtres et possesseurs de
la nature»[1]. Mais cette philosophie dont il donne une image
si peu flatteuse n'est autre que la synthèse réalisée par la
scolastique tardive entre les exigences de la foi chrétienne et
l'enseignement d'Aristote.

De façon générale, les représentants de cette philosophie
admettent qu'il existe une hiérarchie des facultés – ou des
parties – de l'âme: âme végétative commune aux plantes, aux
animaux et aux êtres humains, qui est au principe de la
croissance et de la reproduction; âme sensitive, commune aux
animaux et aux êtres humains, qui est au principe de la sensation et de la sensibilité; âme intellective enfin, qui n'appartient
qu'aux seuls êtres humains et qui est au principe de la pensée et
des actes volontaires. Une telle façon de voir instaure une ten-
sion en ce qui concerne l'âme proprement humaine ou intellective. D'une part, elle est supposée être incorporelle et sépa-
rée; mais, d'autre part, elle est la forme substantielle du corps:
à ce titre, elle ne peut pas exercer ses fonctions sans lui. La
solution classique[2] consiste à affirmer que l'âme intellective
et le corps réalisent une unité d'un type particulier, différente
d'une unité pure et simple: celle résultant d'une action exer-
cée et reçue. Au sein de cette unité, l'âme humaine, à titre de
forme la plus élevée en perfection, manifeste une puissance
telle qu'elle est susceptible de s'exercer sans que la matière y
intervienne en quelque façon que ce soit: cette puissance
est l'intellect. Mais Descartes ne se satisfait pas du tout d'une

---

1. *Discours de la Méthode*, VI.

2. Thomas d'Aquin, *Somme théologique*, I, 76 et *Somme contre les Gentils*,
II, 68.

telle solution. Il va considérer que toutes les fonctions que les scolastiques attribuent aux facultés inférieures de l'âme peuvent s'expliquer de façon mécanique, par figure et mouvements. Elles ne requièrent pas, en toute rigueur, la présence d'une âme : c'est la seule faculté de penser qui caractérise celle-ci. C'est pourquoi il peut expliquer à Gassendi[1] que l'esprit (*mens*) n'est pas une partie de l'âme (*anima*), pas même la principale partie de celle-ci, mais cette « âme tout entière qui pense ». Dans ces conditions, l'antique question : « les bêtes ont-elles une âme ? » se reformule comme suit : « les bêtes pensent-elles ? ». Descartes y répond par un « non » catégorique. Il ne conteste pas qu'il existe une nette ressemblance entre la plupart des actions des bêtes et les actions des hommes. Mais c'est une règle élémentaire que de ne pas aller au-delà des ressemblances constatées : qui estime que des choses qui se ressemblent en quelque point se ressemblent, absolument parlant, se trompera, selon toute vraisemblance. Car il existe deux arguments tendant à montrer que les bêtes ne pensent pas. Le premier repose sur l'idée que la fonction principale du langage est de rendre manifeste les pensées qui sont en l'esprit. Or, les bêtes n'étant pas capables de parler ou d'émettre des signes faits à propos des sujets qui se présentent sans se rapporter à aucune passion, on ne peut pas dire qu'elles ont, en toute rigueur, de langage. Par conséquent, elles n'ont pas non plus de pensée[2]. Le second retourne contre ses auteurs[3] l'idée selon laquelle les bêtes sont intelligentes – et donc pensent – parce qu'elles accomplissent certaines actions avec perfection dont les hommes sont incapables : la perfection même qu'elles manifestent est l'indice qu'elles ne sont, en cela que des machines ou des automates. Ainsi, une

1. *Réponses aux cinquièmes objections.*

2. *Lettre au Marquis de Newcastle* du 23 novembre 1646.

3. Montaigne, Charron et, de façon générale, tous ceux qui s'inscrivent dans une tradition sceptique d'humiliation de la raison en soulignant l'intelligence des bêtes.

horloge montre l'heure de façon infiniment plus précise qu'un homme ne l'estime ; mais elle n'est qu'un mécanisme. Il est à noter que Descartes a varié dans ce type de comparaison : dans une lettre du 3 octobre 1637[1] il affirme que les bêtes ne voient pas comme nous lorsque nous sentons que nous voyons, mais qu'elles voient « comme nous lorsque notre esprit est appliqué ailleurs »[2]. Ce n'est plus le modèle du mécanisme ou de l'automatisme qui est ici opérant, mais celui de l'inattention. Le modèle des somnambules, invoqué à plusieurs reprises par Descartes, est intermédiaire entre les deux.

Descartes estime que son hypothèse présente toutes sortes d'avantages. Sur le plan psychologique, elle évite la confusion entre ce qui relève de l'ordre du corps et ce qui relève de l'ordre de l'âme. Sur le plan théologique, elle est économique : il est plus facile d'admettre qu'un Dieu présentant tous les attributs reconnus traditionnellement à celui du Livre a créé des automates capables de tous les mouvements que nous observons chez les bêtes, que de croire qu'il a créé de tels automates et qu'il les a, en outre, dotés d'une âme[3]. Sur le plan moral, enfin, elle absout les hommes du soupçon de faute lorsqu'ils mettent à mort ou mangent les animaux[4]. Pour autant, la position cartésienne n'est pas sans présenter une certaine instabilité. Ainsi, la lettre à Morus dont il a été fait état, p. 88, accorde aux animaux le sens (*sensum*) dans la mesure où il « dépend des organes du corps ». Mais Descartes distingue trois degrés du sens, dont seul le premier – qui n'est rien

---

1. *À Plempius pour Fromondus.*

2. Ce type de comparaison se retrouve chez le contemporain M. Tye : pour illustrer la thèse selon laquelle les animaux n'ont pas de conscience cognitive de leurs propres états sensoriels, il les compare à une femme accablée de soucis qui regarde, sans les voir, les massifs d'un jardin (*Consciousness, Color and Content*, Cambridge (MA), MIT Press, 2000, p. 181-82).

3. À supposer qu'elle soit mortelle, elle est inutile puisque leurs mouvements peuvent s'expliquer mécaniquement ; à supposer qu'elle soit immortelle, cela soulève d'innombrables problèmes théologiques.

4. *Lettre à Morus.*

d'autre que le mouvement des particules d'un organe corporel causé par les objets extérieurs – nous est commun avec les bêtes[1]. Quant au second degré du sens, il contient tout ce qui résulte immédiatement en l'esprit[2] du fait qu'il est uni aux organes corporels mus et disposés par leurs objets. Il s'agit en fait des sensations lesquelles sont incorrigiblement qualitatives : couleurs, sons, saveurs, odeurs, chaud et froid. Mais il y a aussi la douleur, la faim et la soif. Les animaux souffrent-ils ? Certains cartésiens radicaux l'ont nié. Mais le cas de la faim et de la soif est plus délicat. Descartes affirme expressément à Morus que les bêtes ont des mouvements naturels qui sont ceux de la faim ; et il sait très bien que l'on peut dresser les animaux en jouant sur « l'espérance » qu'ils ont de manger[3]. Que signifie la présence de ces termes qui désignent des actes indiscutablement mentaux ; qui sont, de l'aveu même de Descartes, des indicateurs de ce qui se passe dans l'esprit du fait de son union avec les organes corporels ? Est-ce une manière d'admettre, malgré tout, que les animaux ont accès au second degré du sens ? Ou bien s'agit-il de simples façons de parler, destinées à abréger de laborieuses descriptions, menées en termes purement mécaniques ? Dans sa lettre à Morus, Descartes affirme qu'on ne saurait prouver qu'il y a des pensées dans les bêtes ; mais il admet qu'on ne saurait démontrer non plus qu'il n'y en a pas parce que « l'esprit humain ne peut pénétrer dans leur cœur pour savoir ce qui s'y passe ». Si le terme « cœur » est employé en un sens anatomique, c'est faux. On sait très bien, depuis les expériences de Harvey ce qui se passe dans le cœur des animaux. Si le terme est employé de façon métaphorique, il peut indiquer alors une espèce d'impénétrable à la rationalité discursive, voire la pensée intime et les dispositions les plus secrètes de l'âme. En ce cas,

1. *Réponses aux sixièmes objections.*
2. Avec ce second degré du sens, on accède donc bien au règne du mental.
3. *Lettre au Marquis de Newcastle.*

Descartes aurait abandonné presque entièrement le terrain aux partisans de la pensée des bêtes. Il n'est pas exclu, bien sûr, qu'il ait simplement voulu manifester de la considération à l'endroit de son correspondant. Néanmoins, il semble bien que, sur ce point crucial, il ait marqué une hésitation dont il n'est guère coutumier.

Qu'en est-il maintenant de Davidson ? Selon lui, la pensée – comme ensemble d'attitudes propositionnelles – requiert le langage, au sens où une créature ne peut pas avoir de pensée si elle n'a pas de langage. Il est donc, en un sens, cartésien. Mais en quel sens ? Dans le passage ci-dessus, il examine l'observation de sens commun selon laquelle nous réussissons à expliquer et même à prédire le comportement d'animaux sans langage en leur attribuant des attitudes propositionnelles (désirs, intentions, croyances, etc.). Ainsi : « la chatte dissimule ses chatons parce qu'elle croit qu'on va venir les lui enlever et qu'elle redoute qu'on ne les lui enlève ». Cette façon de faire repose sur des fondements plutôt fragiles : qu'une entité exhibe un comportement apparemment téléologique, orienté vers une fin, ne prouve pas qu'elle agisse selon des croyances qui lui sont propres. Ainsi, un missile antiaérien qui modifie sa trajectoire en fonction de la position de la source de chaleur qu'est la tuyère du réacteur de sa cible n'a pas le désir de l'atteindre, pas plus qu'il n'entretient la croyance selon laquelle il y parviendra en modifiant sa trajectoire ; de même, l'émission automatique de leurres thermiques par la cible n'implique pas qu'elle a l'intention d'échapper à la destruction, etc. Mais Davidson semble tirer une conclusion plutôt modérée de cette version modernisée de l'argument des automates : il s'agit d'une façon de parler que l'on peut tolérer, à condition de reconnaître qu'on y applique « une structure d'explication beaucoup plus forte que celle que requiert le comportement observé ». Au demeurant, nous ne pouvons pas savoir s'il existe une meilleure façon d'expliquer le comportement des créatures sans langage qu'en leur prêtant des attitudes propositionnelles. Mais, comme Descartes, Davidson estime tout de même qu'il existe plusieurs arguments tendant à établir que les créatures sans langage sont aussi des créatures sans pensée. Là où il se sépare de Descartes, c'est lorsqu'il s'agit d'articuler ces arguments. Le philosophe français expliquait, pour l'essentiel, que si les animaux ne pensent pas, c'est parce qu'ils ne (nous) parlent pas. La démarche du philosophe américain est moins accessible intuitivement : en gros, tout repose sur l'idée selon laquelle penser c'est être en mesure d'interpréter le discours d'un autre[1]. Mais « interpréter » prend chez lui un sens technique très particulier. De façon générale, ses arguments dépendent d'analyses conduites très en amont et portant sur des questions philosophiques absolument fondamentales. On en donnera ici une présentation minimale[2]. En premier lieu, Davidson en appelle à l'indétermination du contenu des croyances des créatures sans langage. Supposons que Médor aboie furieusement au pied d'un arbre et que l'on fasse l'hypothèse qu'il se comporte ainsi parce qu'il croit que Minet, son ennemi mortel, le chat du voisin, vient de s'y réfugier. Supposons encore que cet arbre soit le plus ancien du bosquet. Peut-on dire que Médor aboie furieusement parce qu'il croit que Minet vient de se réfugier sur l'arbre le plus ancien du bosquet ? L'idée est la suivante : il est possible d'expliquer le comportement de Médor en lui attribuant de très nombreuses croyances, toutes différentes. Mais ici, on ne dispose pas d'un critère permettant de les départager, de telle sorte qu'en définitive, on ne peut pas distinguer entre des choses très différentes dont on pourrait dire que le chien les croit. Cependant, comme le concède Davidson lui-même[3], ces considérations

---

1. « Thought and Talk » dans *Inquiries into Truth and Interpretation*, Oxford, Clarendon Press, 1984, p. 157.

2. On trouvera une excellente introduction à Davidson dans *Davidson*, K. Ludwig (éd.), Cambridge, Cambridge University Press, 2003. Cet ouvrage n'est pas d'un accès facile.

3. « Thought and Talk », *op. cit.*, p. 164.

montrent au plus que, en l'absence d'un comportement pouvant être interprété comme langagier, on n'est pas en mesure d'appliquer les distinctions fines que l'on a coutume d'appliquer en matière d'attribution de pensées. C'est une conclusion relativement faible, que l'on peut formuler de façon plus directe : de l'indétermination d'un contenu de croyances, on ne peut pas conclure à son absence. L'argument va se renforcer par l'examen critique d'une tentative de disposer de l'objection qui vient d'être exposée. On pourrait dire que ce que croit Médor c'est que, sous une description quelconque de l'arbre, Minet vient de s'y réfugier. Mais il n'est pas possible d'entretenir une croyance quelconque (que cet objet est un arbre) sans un vaste réseau de croyances associées qui rendent les premières intelligibles. Ce que veut dire Davidson, c'est que les croyances dépendent les unes des autres, de telle sorte qu'avoir une croyance quelconque, c'est avoir, *ipso facto*, un ensemble de croyances qui sont, les unes par rapport aux autres, dans une relation de cohérence logique. Cela signifie que l'on n'a pas le droit d'attribuer, ne serait ce qu'une seule croyance, là où on ne détecte pas une structure complexe de comportements. Les aboiements furieux de Médor au pied de l'arbre constituent une structure comportementale trop peu sophistiquée pour qu'on puisse y voir l'expression d'un important réseau de croyances. Mais l'argument qui, aux yeux de Davidson, tend à établir de la façon la plus nette qu'une créature sans langage n'a pas de pensée est le suivant :

– pour avoir une croyance, il est nécessaire de posséder le concept de croyance.

– Pour avoir le concept de croyance, il est nécessaire de disposer du langage [1].

Pour avoir une attitude propositionnelle quelconque, il est nécessaire d'avoir une croyance : Médor ne peut désirer

---

1. C'est évidemment la place centrale de la croyance dans la constitution des attitudes propositionnelles qui permet à Davidson de procéder de la sorte.

débusquer Minet de sa cachette que s'il croit que Minet est bien caché là. Mais pourquoi ne peut-on pas avoir une croyance sans avoir la croyance que l'on a cette croyance ? C'est parce qu'une croyance doit pouvoir, en principe, être modifiée : pour qu'il y ait croyance, il doit pouvoir exister une différence détectable entre ce que l'on croyait il y a quelques instants et ce que l'on a été amené à croire depuis, sur la base de nouvelles indications. Mais rectifier de la sorte une croyance implique que l'on soit capable de la tenir pour fausse et donc que l'on soit capable d'entretenir une croyance relative à sa croyance initiale. En ce sens, la capacité d'être surpris (*surprised*) constitue un élément crucial : on ne peut être surpris que si l'on peut être conscient du contraste entre ce que l'on croyait avant et ce que l'on croit maintenant. En l'absence d'une telle conscience on peut, au plus, être ébahi ou saisi (*startled*). Mais, par ailleurs, le concept de croyance est celui d'un état d'un organisme qui peut être vrai ou faux, correct ou incorrect : on ne peut pas, donc, entretenir de croyances sans avoir le concept de vérité objective, indépendante de ces croyances et donc sans maîtriser la distinction subjectif-objectif. Dans les faits, une telle maîtrise est donnée par le biais de la communication linguistique : « le concept d'un monde intersubjectif est le concept d'un monde objectif ». C'est en ce sens qu'il n'est pas possible d'entretenir des croyances en l'absence de capacité à interpréter le langage d'un autre.

Bien entendu, l'argumentation de Davidson a été contestée. DeGrazia[1] lui reproche d'avoir exagéré la composante intellectuelle de la surprise : il n'est pas nécessaire pour être surpris d'être conscient du contraste entre une croyance antérieure et une croyance en attente de rectification sur la base d'informations nouvelles. Il suffit, pour être surpris, d'avoir constitué une attente et de se rendre compte que cette attente

---

1. *Taking Animals Seriously*, *op. cit.*, p. 149.

n'est pas satisfaite. Ainsi, Fido ayant l'habitude de rapporter la balle que son maître jette au loin sera authentiquement surpris en explorant en vain l'endroit où il s'attendait à la trouver au cas où son maître a fait seulement semblant de la jeter. De son côté, Regan[1] va discuter l'affirmation selon laquelle le fait d'entretenir une seule croyance suppose un vaste réseau de croyances. La situation est un peu complexe car il a affaire à un adversaire qui utilise l'argument holistique du vaste réseau de croyances afin d'établir l'indétermination des croyances animales. Dans un article de 1979[2], en effet, St. Stich avait soutenu que les animaux ont des croyances, mais sans contenu exprimable, faute de concepts pour cela. Un de ses arguments consiste à affirmer qu'un chien qui déterrerait infailliblement des os, n'en serait pas moins ignorant relativement à certains faits élémentaires qui concernent les os : le fait qu'ils sont reliés entre eux par des articulations et mobilisés par des muscles ; leurs fonctions anatomiques, etc. Par conséquent, ce chien n'a pas le concept d'un os et on ne peut pas lui attribuer de croyances relatives aux os et ayant un contenu exprimable. Regan estime que la position de Stich comporte une pétition de principe. L'exemple suivant montrera pourquoi. Supposons deux étudiants en médecine ; l'un d'entre eux vient à peine de commencer ses études, l'autre est déjà bien avancé. Le premier ignore que l'os naviculaire et le scaphoïde tarsien sont un seul et même os, situé sur le côté interne du pied et articulé avec l'astragale, le cuboïde et les trois cunéiformes ; le second le sait. Tout le monde admettra que le premier ne possède pas le concept d'os naviculaire, tandis que le second le possède. Dirons-nous, pour autant, que le second possède le concept d'os, mais pas le premier ? L'idée est la suivante : la « logique » des concepts n'est pas celle du tout ou rien, mais celle du

1. *The Case for Animal Rights*, *op. cit.*, p. 49-60.

2. « Do Animals Have Beliefs ? », *Australasian Journal of Philosophy*, 57, n°1, (Mars 1979), p. 15-28.

plus ou moins. Lorsque l'individu A ne possède pas autant d'éléments constitutifs de la compréhension d'un concept que l'individu B, il est arbitraire de dire qu'il ne possède pas ce concept du tout : on peut tout aussi bien dire qu'il le possède, mais à un moindre degré. On peut donc raisonnablement inférer de la conduite du chien déterrant des os qu'il a un concept, certes minimal, de ce qu'est un os : à savoir un objet susceptible de satisfaire sa tendance à fouir et à déterrer quelque chose qu'il pourra ensuite mâchouiller à sa guise. Cet argument se combine avec le précédent : la déconvenue du chien qui déterre une casserole rouillée à la place d'un os suggère qu'il avait bien une représentation, même sommaire, de ce qu'il s'attendait à trouver.

Mais à supposer même que les créatures sans langage soient des créatures sans pensée, que s'ensuit-il en ce qui concerne le traitement des animaux ? Il n'est pas certain que les choses soient aussi tragiques qu'on pourrait croire. En premier lieu, Davidson affirme qu'il n'y a aucune raison de faire preuve de moins de bonté envers les êtres qui ne sont pas capables de pensée ou de langage qu'envers ceux qui le sont, bien au contraire. En second lieu, on peut toujours affirmer que les animaux muets peuvent au moins éprouver de la douleur, cet état mental n'étant pas propositionnel. Il est alors possible de déployer tout à loisir une axiologie où la douleur joue le rôle d'une antivaleur, comme c'est le cas chez les utilitaristes. Ceci étant, même une telle façon de faire soulève des questions très délicates. La présentation la plus accessible et la plus pédagogique en a été donnée par J. Proust dans son lumineux : « Les Animaux pensent-ils ? »[1]. En guise de conclusion, nous renvoyons donc à cet ouvrage et à sa bibliographie.

---

1. Paris, Bayard, 2003.

TEXTE 2

JOHN STUART MILL
L'UTILITARISME (1871 [4]), CHAPITRE II [1]

Cependant, il faut bien reconnaître que, pour les auteurs utilitaristes en général, si les plaisirs de l'esprit l'emportent sur ceux du corps, c'est surtout parce que les premiers sont plus stables, plus sûrs, moins coûteux, etc. – Ce sont là des avantages qu'ils tiennent des circonstances, et non de leur nature intrinsèque. Et, pour tous ces avantages intrinsèques, les utilitaristes ont eu pleinement gain de cause. Mais ils auraient pu, de façon tout aussi consistante, occuper l'autre terrain, que l'on peut d'ailleurs qualifier de plus élevé. Reconnaître le fait que certains *types* de plaisirs sont plus désirables et plus précieux que d'autres est parfaitement compatible avec le principe d'utilité. Il serait absurde d'admettre que l'estimation des plaisirs dépende de la seule quantité, alors que dans l'estimation de tout le reste, on prend en compte la qualité aussi bien que la quantité.

On pourrait me demander : « Qu'entendez-vous par une différence de qualité entre des plaisirs ? Qu'est ce qui peut

1. *L'Utilitarisme*, p. 51-54 (*Utilitarianism*, p. 56-57).

rendre un plaisir, considéré simplement comme tel, plus
précieux qu'un autre, si ce n'est qu'il y en a plus?». Il n'y a
qu'une seule réponse possible. De deux plaisirs, s'il en est un
auquel tous ceux, ou presque tous ceux qui ont éprouvé l'un et
l'autre accordent résolument la préférence, sans y être poussés
par un sentiment d'obligation morale, c'est celui-là qui est le
plus désirable. Si ceux qui ont connu les deux et qui sont
compétents pour en juger placent l'un tellement au-dessus de
l'autre qu'ils lui donnent la préférence, tout en le sachant
accompagné d'une plus grande somme d'insatisfaction; s'ils
ne se résolvent pas à y renoncer, même en échange d'une quantité de l'autre plaisir telle qu'il ne puisse y en avoir, pour eux,
de plus grande : alors nous sommes en droit d'assigner à la
jouissance ainsi préférée une supériorité qualitative qui l'emporte tellement sur la quantité que celle-ci, par comparaison,
importe peu.

Or, c'est un fait incontestable que ceux qui connaissent
les deux genres d'existence et qui sont également capables de
les évaluer et d'en jouir, donnent bel et bien une préférence
appuyée à celui qui met en œuvre leurs facultés supérieures.
Peu de créatures humaines accepteraient d'être transformées
en un animal inférieur, quel qu'il soit, sur la promesse de la
plus complète allocation des plaisirs d'une bête; aucun être
humain intelligent ne consentirait à être un imbécile, aucune
personne instruite n'accepterait d'être ignare, aucune personne ayant du cœur et de la conscience n'accepterait de devenir
égoïste et vile; et ceci même s'ils avaient la conviction que
l'imbécile, le cancre et le vaurien sont plus satisfaits de leur
sort qu'eux du leur. Ils ne voudraient pas échanger ce qu'ils
possèdent de plus qu'eux contre la satisfaction la plus complète de tous les désirs qui leur sont communs. S'ils s'imagi-
nent qu'ils le voudraient, c'est seulement dans les cas d'infortune si extrême, que pour y échapper ils échangeraient leur sort
pour presque n'importe quel autre, si indésirable qu'il fût à
leurs propres yeux. Un être pourvu de facultés supérieures

demande plus pour être heureux, est probablement exposé à souffrir de façon plus aiguë et offre certainement à la souffrance plus de points vulnérables qu'un être de type inférieur ; mais en dépit de ces désavantages, il ne peut jamais vraiment désirer s'abaisser jusqu'à un niveau d'existence qu'il sent inférieur. Nous pouvons donner de cette répugnance l'explication qui nous plaira ; nous pouvons l'attribuer à l'orgueil – nom que l'on donne indistinctement à quelques-uns des sentiments les plus estimables dont l'humanité soit capable, mais aussi à certains des moins estimables ; nous pouvons la rattacher à l'amour de la liberté et de l'indépendance personnelle, sentiment auquel les Stoïciens faisaient appel, parce qu'ils y voyaient l'un des moyens les plus efficaces d'inculquer cette répugnance ; à l'amour de la puissance, ou à l'amour d'une vie exaltante, sentiments qui tous deux y entrent certainement comme éléments et contribuent à la faire naître et à l'entretenir ; mais si on veut l'appeler de son vrai nom, c'est un sens de la dignité : tous les êtres humains le possèdent sous une forme ou sous une autre, proportionné à leurs facultés supérieures, même si on ne peut déterminer exactement en quelle proportion. Il apporte une contribution à ce point essentielle au bonheur de ceux chez qui il est vif, que rien de ce qui lui est contraire ne pourrait, au-delà d'un moment, être pour eux un objet de désir. Lorsqu'on se figure que cette préférence se réalise aux dépens du bonheur – lorsqu'on croit que l'être supérieur, dans des circonstances qui seraient exactement semblables pour l'un et l'autre, n'est pas plus heureux que l'être inférieur –, c'est par suite d'une confusion entre deux idées très différentes : le bonheur et la satisfaction. Incontestablement, un être dont les facultés de jouissance sont inférieures a les plus grandes chances de les voir pleinement satisfaites ; et un être doué de facultés élevées sentira toujours que le bonheur qu'il peut viser, quel qu'il soit, est un bonheur imparfait – le monde allant comme il va. Mais il peut apprendre à supporter ce qu'il y a d'imperfections dans ce bonheur, pour peu qu'elles soient supportables. Elles ne le rendront pas jaloux d'un être qui, en vérité, n'a aucune conscience de ces imperfections ; mais qui n'en a aucune conscience que parce qu'il n'éprouve aucunement le bien que ces imperfections viennent atténuer. Mieux vaut un être humain insatisfait qu'un pourceau satisfait ; mieux vaut Socrate insatisfait qu'un imbécile satisfait. Et si l'imbécile ou le pourceau sont d'un avis différent, c'est qu'ils ne connaissent qu'un côté de la question : le leur. Pour faire la comparaison, l'autre partie connaît les deux.

COMMENTAIRE

De façon générale, les utilitaristes entendent résoudre les questions pratiques en appliquant la maxime : « promouvoir le plus grand bien du plus grand nombre ». Mais dans quels domaines au juste ? Il est classique [1] d'en distinguer trois :

– le domaine social. Il s'agit ici, pour des planificateurs, des gestionnaires ou des décideurs de déterminer une ligne de conduite. Parmi toutes celles qui sont envisageables, sera retenue celle qui réalisera le plus grand bien du plus grand nombre de ceux qui seront amenés à bénéficier ou, au contraire, à pâtir de sa mise en œuvre ;

– le domaine politique et juridique. Il s'agit alors d'évaluer des institutions ou des lois, envisagées comme réalisables ou effectivement existantes. Comme on s'en doute, l'objectif sera, dans le premier cas, de faire en sorte que ces institutions et ces lois en viennent à passer dans la réalité ; et dans le second de les réformer. Le législateur et le réformateur se demanderont si elles permettent la réalisation du plus grand bien du plus grand nombre de ceux qui auront à vivre dans le cadre institutionnel ou législatif ainsi défini ;

1. Par exemple A. Brown, *Modern Political Philosophy. Theories of the Just Society*, Londres, Penguin Books, 1986, p. 25-26.

– le domaine des relations personnelles, pour autant qu'elles sont soumises à des restrictions normatives, c'est-à-dire l'éthique. L'individu cherchant à agir comme il faut se demandera si l'acte qu'il envisage d'accomplir réalisera le plus grand bien du plus grand nombre de ceux auxquels il aura affaire, c'est-à-dire, ceux qui seront affectés, positivement ou négativement, par les conséquences cet acte [1].

C'est à ce troisième domaine que s'intéresse J.S. Mill dans le chapitre II de *l'Utilitarisme* [2]. Ce qui caractérise l'utilitarisme comme théorie éthique, on l'a noté, c'est qu'il s'agit d'une forme de conséquentialisme. C'est une théorie pour laquelle un acte est juste si, et seulement si, il contribue par ses conséquences, à la réalisation d'un état de choses où se rencontre la plus grande quantité possible de ce qui est en soi désirable et constitue le bien [3]. Pour le dire autrement, il s'agit d'une éthique où les règles de la correction morale ne peuvent être articulées avant qu'une théorie de la valeur, c'est-à-dire une axiologie, ait été formulée. En effet, pour un conséquentialiste, la conformité à l'obligation n'est pas le bien [4], mais un instrument pour la réalisation de celui-ci. C'est pourquoi le

---

1. La question peut aussi être posée à propos de la règle commandant d'accomplir des actes de tel ou tel type. Évidemment, les utilitaristes peuvent également se demander si un acte déjà accompli a réalisé le plus grand bien du plus grand nombre, ou si une règle généralement adoptée est de nature à faire en sorte que le plus grand bien du plus grand nombre soit réalisé : en ce cas, leur démarche est rétrospective et non prospective.

2. Intitulé : « Ce que c'est que l'utilitarisme ».

3. Un utilitariste de la règle dira qu'un acte est juste si, et seulement si, il est conforme à la règle dont la mise en œuvre par tous les agents moraux réaliserait un état de choses où se rencontrerait la plus grande quantité possible de ce qui est en soi désirable et constitue le bien.

4. Comme c'est la cas chez Kant pour qui la seule chose pouvant être tenue pour bonne absolument sans restriction est une volonté bonne ; mais pour qui aussi c'est le concept de DEVOIR qui permet de déterminer celui de bonne volonté, de telle sorte que le bien y est, en dernière analyse, défini par l'attitude de l'agent envers l'acte obligatoire.

conséquentialisme subordonne la formulation de règles à une représentation du bien.

Mill adhère à cette version du conséquentialisme qu'est l'utilitarisme lorsqu'il reprend à son compte la thèse selon laquelle :

> les actions sont justes ou injustes dans la mesure où elles tendent à accroître le bonheur, ou à produire le contraire du bonheur. Par bonheur, on entend le plaisir et l'absence de douleur, par malheur, la douleur et la privation de plaisir [1].

Mill est en cela l'héritier direct de Bentham. Ce dernier soutient – au moins en première intention – une axiologie eudémoniste ; mais, dès qu'il se donne la peine de préciser les choses, il s'avère que son axiologie est, en fait hédoniste :

> Par utilité, on entend cette propriété dans quelque objet que ce soit, par laquelle il tend à produire bénéfice, plaisir, bien ou bonheur (en l'occurrence, tout ceci revient au même) ou (ce qui, encore une fois, revient au même) cette propriété par laquelle il tend à prévenir l'apparition de dommage, douleur, mal ou malheur, en la partie dont l'intérêt est envisagé [2].

Dans ces conditions, enjoindre de réaliser l'utile n'est pas la même chose qu'engager l'agent à faire ce qui est utile au sens commun du terme : à faire, par exemple, ce qui sert aux autres. C'est l'engager à faire venir à l'existence des objets tels qu'ils produiront, chez lui et chez les autres, le plus possible de plaisir ou qu'ils préviendront, chez lui et chez les autres, le plus possible de douleur.

Si l'on examine d'un peu plus près les deux formules, on s'aperçoit que Mill semble avoir détecté et corrigé une ambiguïté d'expression restée inaperçue chez Bentham. En effet Mill donne une définition conjonctive du bonheur :

---

1. *L'Utilitarisme*, p. 48-49 (*Utilitarianism*, p. 55).
2. *An Introduction to the Principles of Morals and Legislation, op. cit.*, p. 12.

c'est « le plaisir et l'absence de douleur »[1]. S'il en avait donné une version exclusive : « le plaisir ou l'absence de douleur », cela aurait posé un sérieux problème. En effet, supposons que vienne à l'existence, un univers d'où toute sensibilité – comme capacité d'éprouver du plaisir ou de la douleur – soit absente : du même coup, la douleur en serait radicalement éliminée et un bonheur sans mélange y régnerait, si celui-ci pouvait être réellement défini comme l'absence de douleur. En outre, on peut s'interroger sur les moyens à mettre en œuvre pour réaliser un tel objectif : l'extermination indolore de toutes les créatures sensibles pourrait devenir l'action moralement obligatoire, ce qui semble aller, pour le moins, contre nos intuitions les plus fermement enracinées. C'est ce qu'on appelle parfois l'utilitarisme négatif. Il suffit, en un sens, de l'énoncer pour le réfuter[2]. On retiendra donc que le principe d'utilité vaut pour la production positive de plaisirs, étant donné que cette production s'accompagne, le plus souvent, de la production simultanée de douleurs[3].

On remarquera par ailleurs que les deux formules font intervenir la notion de tendance : « les actions sont justes dans la mesure où elles tendent (*as proportion as they tend to*) à accroître le bonheur, ou à produire le contraire du bonheur » écrit Mill ; « cette propriété dans quelque objet que ce soit, par laquelle il tend à produire (*whereby it tends to produce*) »,

---

1. De façon encore plus explicite, Mill a écrit, quelques lignes auparavant, que l'utilité, c'est « le plaisir même, en même temps que l'absence de douleur (*pleasure itself, together with exemption from pain*) », *L'Utilitarisme*, p. 47-48 (*Utilitarianism*, p. 54).

2. Ceux qui l'on soutenu, comme Popper, ont semblé en fait avoir voulu dire quelque chose comme : « lorsqu'il est impossible de maximiser le bien, on doit chercher au moins à minimiser le mal », ce qui semble assez raisonnable. Mill lui-même évoque l'utilitarisme négatif, bien qu'il n'emploie pas ce terme, dans *L'Utilitarisme*, p. 59 (*Utilitarianism*, p. 60).

3. C'est d'ailleurs bien ainsi que l'entend Bentham.

affirme Bentham. On a pu se demander[1] si cette façon de parler est satisfaisante : en effet, si quelqu'un est un fumeur excessif, cette habitude tend à provoquer chez lui toutes sortes de maladies. Mais ce ne sera pas le cas si quelqu'un fume une seule cigarette au cours de son existence, bien que cette action puisse avoir comme conséquence qu'il tousse et que les larmes lui viennent aux yeux. Le point est le suivant : une action envisagée comme un exemplaire du type auquel elle appartient produit ou non des effets ; mais cela n'est pertinent de parler de tendance à produire des effets qu'à propos d'un type d'action. Le débat, on l'aura compris, consiste à déterminer si, pour interpréter correctement le principe d'utilité, il faut raisonner en termes d'utilitarisme de l'acte, ou bien en termes d'utilitarisme de la règle : on ne pourra défendre une version de l'utilitarisme de l'acte que si, effectivement, cela a un sens de parler de la tendance d'une action à produire du bonheur ou du malheur ; inversement, si la tendance à produire du bonheur ou du malheur ne se manifeste qu'à propos de types d'actions, il faudra se rabattre sur une forme quelconque d'utilitarisme de la règle. À la suite de R. Crisp[2], il semble possible d'arbitrer de la sorte : le terme « tendance » est technique. Il s'agit du solde, positif ou négatif, de la quantité de bonheur produite par un acte, lorsqu'on a défalqué la quantité de malheur produite par ce même acte.

Soit par exemple, l'action A1. Elle produit 16 unités de bonheur ; en même temps, elle réalise 4 unités de malheur. Sa tendance à produire du bonheur est de $+ 16 - 4 = + 12$.

---

1. J. O. Urmson, « The Interpretation of the Moral Philosophy of J. S. Mill », *Philosophical Quaterly*, (1953), 3.

2. R. Crisp, *Mill. On Utilitarianism*, Routledge (Routledge Philosophy Guide Books), Londres, 1997. Ce livre lumineux constitue probablement la meilleure introduction non seulement à la pensée de Mill, mais à l'utilitarisme en général.

Soit, maintenant, l'action A2. Elle produit 5 unités de bonheur; en même temps elle réalise 9 unités de malheur. Sa tendance à produire du bonheur est donc de $+5-9=-4$[1].

Le simple fait de parler de la tendance d'une action n'implique donc pas que l'on adhère à une forme quelconque d'utilitarisme de la règle.

Il découle de ce qui vient d'être dit que, dans le cadre de l'utilitarisme, la question de l'animal est, en principe, une question éthique[2]. En effet, les règles de la correction morale commandent d'accroître le bonheur, c'est-à-dire le plaisir, et de réduire le malheur, c'est-à-dire la douleur; mais la plupart des animaux sont dotés de sensibilité, ce qui les rend aptes à éprouver du plaisir ou de la douleur, peut-être même de la souffrance. Si on n'en tient pas compte, le grand calcul permettant de déterminer l'action juste sera faussé et on risquera d'en venir à tenir pour correcte une action qui, en réalité, ne l'est pas du tout : on aura surestimé le bien qu'elle procure et sous estimé le mal qu'elle apporte, c'est-à-dire qu'on aura mal évalué sa tendance.

---

1. On pourrait formuler les choses autrement en disant que sa tendance à produire du malheur est de $+9-5=+4$.

2. Il y a unanimité sur ce point chez les représentants de la grande tradition du XIXe siècle : on a rappelé le « peuvent-ils souffrir ? » de Bentham dans son *Introduction to the Principles of Morals and Legislation*. H. Sidgwick reconnaît qu'il est plus conforme à l'exigence d'universalité des principes utilitaristes que la prise en compte du bonheur ne se limite pas au genre humain mais s'étende à tous les « êtres capables de plaisir et de peine et dont les sentiments sont affectés par notre conduite », *The Methods of Ethics*, Indianapolis, Hackett Publishing Company, 1981, p. 414. Mill lui-même admet que la morale vise à assurer une existence heureuse non seulement à tous les hommes mais également, « autant que la nature des choses le comporte, à tous les êtres sentants de la création (*the whole sentient creation*) », *L'Utilitarisme*, p. 58 (*Utilitarianism*, p. 59). De la même façon, le *Système de Logique* fait du critère par lequel on doit éprouver les règles de la pratique, le fait qu'elles tendent « à procurer le bonheur du genre humain, ou plutôt de tous les êtres sensibles », Paris, Librairie philosophique de Ladrange, 1866, t. II, p. 559.

Mais, d'un autre côté, l'exigence de maximisation de l'utilitarisme ne peut être réalisée que si les plaisirs à propos desquels on calcule sont susceptibles d'être comparés quantitativement les uns avec les autres et, en outre, comparés quantitativement avec les douleurs qui les accompagnent, puisque l'on cherche à réaliser le plus grand surplus possible des premiers sur les secondes. Comme le dit Sidgwick : « chercher à rendre "aussi grande que possible" une somme d'éléments qui ne sont pas quantitativement commensurables serait, mathématiquement parlant, une absurdité »[1].

C'est cette question de la commensurabilité qui est au centre de l'argumentation de Mill dans ce passage, lequel est manifestement dirigé contre Bentham. Les premières lignes de l'*Introduction to the Principles of Morals and Legislation* constituent un singulier morceau de bravoure, dont Bentham lui-même reconnaît le caractère métaphorique et déclamatoire :

> La nature a placé l'humanité sous l'empire de deux maîtres souverains, la *douleur* et le *plaisir*. C'est à eux seuls qu'il revient d'indiquer ce que nous devons faire, comme de déterminer ce que nous ferons. La chaîne du juste et du bien d'un côté, celle des causes et des effets de l'autre sont fixées à leur trône. Ils nous commandent en tout ce que nous faisons, en tout ce que nous disons, en tout ce que nous pensons. Chaque effort que nous faisons pour mettre fin à leur sujétion ne sert qu'à la démontrer et à la confirmer. En discours, quelqu'un peut bien prétendre se soustraire à leur assujettissement; mais en réalité, il y reste soumis pendant le temps même qu'il parle[2].

En disant qu'il revient à la douleur et au plaisir de déterminer ce que nous ferons, Bentham fait de la recherche

1. *The Methods of Ethics*, op. cit., p. 413.
2. *An Introduction to the Principles of Morals and Legislation*, op. cit., p. 11.

du plaisir le seul moteur de l'action humaine : c'est ce que l'on appelle l'hédonisme psychologique. Mais il va beaucoup plus loin encore : il revient aussi au plaisir et à la douleur d'indiquer ce que nous devons faire. Cela revient à dire que la recherche du plaisir est normative ; elle nous indique la norme de la correction morale : ce que nous devons faire, c'est rechercher le plaisir. C'est ce que l'on appelle l'hédonisme éthique.

Par ailleurs, Bentham pense qu'il n'y a pas, en matière de plaisir (et de peine) d'expertise que certains pourraient détenir, les autres devant s'adresser à eux pour devenir compétents en ce domaine. Il écrit, par exemple :

> Les conséquences d'une Loi, quelle qu'elle soit, ou d'un acte quelconque auquel la Loi s'intéresse, les seules conséquences auxquelles les hommes marquent un intérêt réel, quelles sont-elles, si ce n'est la *douleur* et le *plaisir* ? Ce sont donc par les mots comme *peine* et *plaisir* qu'il est possible de les exprimer. Et *peine* et *plaisir*, au moins, sont des mots dont un homme connaît le sens, du moins nous pouvons l'espérer, sans avoir besoin de consulter un Législateur [1].

Bentham accomplit ici, à sa façon, une sorte de programme positiviste avant la lettre : pour Schlick, par exemple, le sens d'une proposition consiste en cela seul qu'elle exprime un état de choses particulier. Qui veut produire le sens de cette proposition doit être en mesure de montrer, de désigner, d'indiquer ou de pointer cet état de choses. Par conséquent, afin de découvrir le sens d'une proposition, il faut la transformer « par introduction de définitions successives jusqu'à ce que, finalement, elle ne comporte plus que des mots qu'on ne peut plus définir, mais dont les significations ne peuvent être qu'indiquées

1. J. Bentham, *A Fragment on Government*, Cambrigde, Cambridge University Press, 1988 (1776), p. 28.

directement »[1]. De façon analogue, Bentham se demandant si une loi juridique est correcte ou non – mais la procédure indiquée vaut à ses yeux, pour n'importe quelle question pratique – va se demander si elle est, au bout du compte, productrice de plaisirs et de peines. Ces plaisirs et ces peines, bien entendu, les hommes ne vont pas les indiquer : ils les éprouveront. Bentham fait donc du plaisir et de la peine des indéfinissables, au point de contact entre l'individu et la vie pratique, et qui apportent en celle-ci la garantie que toutes les actions possibles et envisageables ne sont pas équivalentes.

On comprend alors pourquoi chacun est le meilleur expert relatif aux plaisirs et aux peines qui l'affectent : plaisir et peine sont ce que chacun éprouve comme tel. À ce titre, il n'y a pas lieu de distinguer entre des plaisirs nobles et des plaisirs ignobles, pas plus qu'entre des plaisirs élevés et des plaisirs bas. Plaisir et peine étant « les noms d'entités réelles homogènes »[2], la seule réelle distinction qui vaille est entre ceux qui sont simples et ceux qui sont complexes. Cela ne veut pas dire que les plaisirs simples, pas plus que les peines simples, soient sensuels[3]. Mais cela veut dire qu'on peut toujours considérer un plaisir en apparence élevé comme un complexe de plaisirs simples. Une telle façon de procéder ne résulte pas d'une décision plus ou moins arbitraire, mais bien d'une thèse fondamentale chez Bentham, relative à la constitution même des plaisirs (et des peines) :

> Ce qui autorise, par exemple, à envisager un lot de plaisirs comme un seul plaisir complexe plutôt que comme une diversité de plaisirs simples, c'est la nature de la cause excitante. Des

1. M. Schlick, « Positivism and realism » dans O. Hanfling (éd.), *Essential Readings in Logical Positivism*, Oxford, Basil Blackwell, 1981 (1932-33), p. 88.

2. *An Introduction to the Principles of Morals and Legislation, op. cit.*, p. 53, note c.

3. Pour Bentham, outre les plaisirs simples des sens, il existe, par exemple, des plaisirs simples de la bienveillance, de la bonne réputation ou de la piété.

plaisirs, quels qu'ils soient, s'ils sont excités tous à la fois par l'action de la même cause, peuvent être envisagés comme ne constituant, tous ensemble, qu'un seul plaisir[1].

Ce que défend ici Bentham, c'est le caractère essentiellement extrinsèque de l'unité des plaisirs complexes. Au total, non seulement l'opposition plaisirs nobles/plaisirs ignobles se laisse réduire sans reste à l'opposition plaisirs complexes/plaisirs simples; mais en outre, les plaisirs complexes ne sont rien d'autre, considérés quant à leur constitution, qu'une pluralité de plaisirs simples qui ne tiennent leur unité que de l'action d'une cause extérieure.

Au XIXe siècle, les lecteurs de Bentham, et plus encore ceux qui ont simplement entendu parler de sa doctrine, n'ont pas toujours été sensibles à la radicalité et à la subtilité de la démarche : ils ont interprété l'utilitarisme comme si ce dernier faisait du plaisir physique ou sensuel la valeur ultime et de la recherche d'un plaisir de ce type l'idéal de la vie bonne. Au total, ils ont reproché aux utilitaristes de nier l'existence de plaisirs supérieurs, les plaisirs de l'esprit. Les utilitaristes ne seraient rien d'autre que de modernes pourceaux d'Épicure. Il s'agit là d'un parfait exemple de référence polémique à l'animalité. Une grande partie de la réponse de Mill s'organise autour de cette référence.

Dans un premier temps, il va défendre bravement son maître, en prenant cependant ses distances. À ceux qui contestent la conception utilitariste de l'existence au motif que, faisant du plaisir et de l'absence de douleur les seules choses désirables comme fins, elle serait mesquine et vile, il vient de rétorquer que ce sont eux qui se font de la nature humaine une image dégradée, et non les utilitaristes. Cela prouve qu'il est un homme d'esprit, ayant le sens de la répartie; mais bien entendu, la formule constitue plutôt une esquive qu'une

_____

1. *An Introduction to the Principles of Morals and Legislation, op. cit.*, p. 42.

réponse, et Mill le sait parfaitement : au point de vue de l'argumentation, tout reste à faire.

Il va donc commencer par concéder, selon un procédé rhétorique éprouvé, que si les Épicuriens ont effectivement été, d'un certain point de vue, des utilitaristes, leur façon d'interpréter le principe d'utilité n'était pas exempte de toute critique. Pourtant, même ces utilitaristes imparfaits ont toujours placé les plaisirs de l'esprit, définis comme ceux que l'on doit à l'intelligence, à la sensibilité (*feelings*), à l'imagination et aux sentiments moraux, au-dessus des plaisirs du corps. Cette façon de caractériser les plaisirs de l'esprit est intéressante car elle révèle que, aux yeux de Mill, les plaisirs de l'esprit ne sont pas les seuls plaisirs intellectuels, mais aussi les plaisirs liés au développement de la personnalité, à l'existence de relations interpersonnelles épanouies et à ce travail sur soi-même qu'on définit comme étant la culture. Ceci étant, la supériorité des plaisirs de ce type peut être établie de deux façons : soit comme l'ont fait « les auteurs utilitaristes en général »[1], soit en admettant qu'il existe des types de plaisirs qui sont qualitativement supérieurs à d'autres et que tel est le cas des plaisirs de l'esprit comparés aux plaisirs du corps.

En ce qui concerne le premier point, Mill fait allusion au chapitre IV des *Principles of Morals and Legislation*. Bentham y avait distingué plusieurs dimensions dans la constitution des plaisirs[2] :

– rapporté à un seul individu, et considéré en lui-même, un plaisir se caractérise par son intensité, sa durée, sa certitude et sa proximité.

– Si l'on prend en compte également la tendance de l'acte par lequel ce plaisir vient à l'existence, il faut tenir compte également de sa fécondité, c'est-à-dire de la probabilité qu'il

---

1. En fait, il s'agit de Bentham.
2. Le terme est de lui. La même analyse vaut, *mutatis mutandis*, pour les peines.

soit suivi d'un autre plaisir et de sa pureté, c'est-à-dire de la probabilité qu'il soit suivi ou non d'une douleur.

– Si l'on prend en compte enfin le nombre de personnes qui sont susceptibles de l'éprouver, nouvelle dimension : la portée ou l'étendue (*extent*) de ce plaisir.

Pour Bentham, ce sont ces dimensions qui doivent être prises en compte lorsqu'il est question d'établir si le plus grand bien du plus grand nombre a été réalisé, ou va l'être. Les choses sont supposées se passer ainsi : on détermine une unité de mesure combinant ces différentes dimensions. On évalue alors tout plaisir d'après son rapport avec cette unité prise comme référence. Par exemple, et pour simplifier, un plaisir d'une intensité moyenne, comme celui qui consiste à savourer, pendant deux minutes, l'air frais du petit matin avant une journée annoncée comme caniculaire, pourra être choisi comme unité. N'importe quel autre plaisir sera, de la sorte, susceptible d'être évalué. Si un éblouissement esthétique de trente secondes devant *Les Ménines* de Velasquez provoque un plaisir comparable à vingt minutes de jouissance paisible de l'air vif du petit matin, cet éblouissement esthétique vaudra dix unités de plaisir. Et ainsi de suite. On laissera de côté les difficultés techniques soulevées par cette façon de voir pour insister sur une seule chose : une telle conception suppose la commensurabilité de principe des plaisirs. Elle implique que trente minutes passées à apprécier la fraîcheur du petit matin sont rationnellement préférables à un éblouissement esthétique de dix secondes[1]. À qui objecterait qu'un éblouissement esthétique de ce genre pourrait transfigurer l'existence entière de celui qui l'éprouve, Bentham répondrait qu'il est possible de mesurer une telle transformation en évaluant de façon exacte la fécondité, et peut-être la portée de cet éblouissement.

---

1. On supposera qu'on est dans une situation où la jouissance de l'air vif du petit matin n'est pas soumise à la loi de la satisfaction décroissante.

Mill estime que les dimensions hédoniques qui viennent d'être décrites constituent en réalité des avantages extrinsèques, détachables des plaisirs qui en sont l'occasion. Sans doute, précisément pour cette raison, sont-elles aussi susceptibles d'être attachés à n'importe quel plaisir et c'est d'ailleurs ce qui justifie la commensurabilité de principe dont il vient d'être fait état. Et Mill admet que, sous la supposition que tous les plaisirs sont commensurables, Bentham a parfaitement plaidé la cause de l'utilitarisme. Mais cette supposition lui semble pouvoir être remise en cause dans le cadre de l'utilitarisme lui-même : certains types de plaisirs ont pour lui une valeur intrinsèque supérieure et une estimation des plaisirs menée à la façon des utilitaristes doit prendre en compte la qualité, pas seulement la quantité.

Qu'est-ce à dire ? Il ne s'agit certainement pas d'opter pour une forme de pluralisme moral. À cet égard, le *Système de logique* est éloquent :

> Il y a non seulement des premiers principes de Connaissance, mais aussi des premiers principes de Conduite. Il doit exister quelque étalon servant à déterminer le caractère bon ou mauvais, d'une manière absolue ou relative, des fins ou objets de désir. Et quel que soit cet étalon, il ne peut en exister qu'un seul, car s'il y avait plusieurs principes supérieurs de Conduite, la même conduite pourrait être justifiée par un de ces principes et condamnée par un autre, et il faudrait quelque principe plus général qui pût servir d'arbitre entre les autres [1].

À quoi Mill pense-t-il ? Comme Bentham, il estime que la douleur et le plaisir sont toujours hétérogènes ; mais contrairement à Bentham, il affirme de la façon la plus claire que les douleurs et les plaisirs ne sont pas homogènes entre eux [2]. En rejetant la thèse de l'homogénéité des plaisirs, il rejette du même coup la thèse de leur commensurabilité : on ne saurait

---

1. *Système de Logique*, t. II, p. 58-59.
2. *L'Utilitarisme*, p. 56 (*Utilitarianism*, p. 58-59).

mesurer tous les plaisirs en les localisant le long d'une échelle, à partir d'un point zéro et en déterminant leur rapport à une unité commune. Un tel type de mesure, en effet, ne peut être effectué que si les objets mesurés sont de même espèce. Mais il y a plus : en rejetant la thèse de la commensurabilité des plaisirs, Mill affirme, d'une façon ou d'une autre, la thèse de leur incommensurabilité. Cependant, il y a incommensurabilité et incommensurabilité [1].

On peut penser qu'il y a incommensurabilité entre des valeurs lorsqu'elles sont incomparables, c'est-à-dire lorsqu'il n'est pas possible de les ordonner ou de les classer ; lorsqu'elles relèvent, pourrait-on dire, d'ordres différents. En ce cas, la valeur A n'est pas supérieure à la valeur B ; mais elle ne lui est pas inférieure et elle ne lui est pas non plus égale. Telle n'est pas la position de Mill puisqu'il affirme expressément qu'en matière de valeur hédonique, les plaisirs de l'esprit sont supérieurs aux plaisirs des sens.

On peut estimer qu'il y a incommensurabilité entre des valeurs lorsque n'importe quelle quantité, si minime soit-elle, de la valeur A, a plus de valeur que n'importe quelle quantité, si importante soit-elle, de la valeur B. De la sorte, la réalisation de la valeur A a toujours priorité sur la réalisation de la valeur B. Mais cela signifie qu'il est toujours légitime de renoncer à réaliser la valeur A, à condition que la réalisation de la valeur B en soit accrue. Qui soutiendrait une telle interprétation et admettrait d'autre part la supériorité des plaisirs de l'esprit sur les plaisirs physiques, devrait aussi admettre que le choix d'une vie ascétique, de mortification du corps, est justifié s'il se réalise, à la suite de ce choix, une plus grande quantité de plaisirs de l'esprit. Mais, on l'a vu, Mill estime que les plaisirs de l'esprit ont quelque chose de dynamique : ils sont liés à la réalisation de potentialités personnelles, au fait que les êtres

1. Les analyses qui suivent s'inspirent en partie de celles de J. Griffin, *Well-Being*, Oxford, Clarendon Press, 1986, p. 79 *sq*.

humains sont capables de progrès; on voit mal comment de telles potentialités pourraient se déployer chez quelqu'un ayant choisi de faire sécession d'avec son corps et de mener, tel le «véritable ami de la vérité» dans le *Phédon* de Platon, l'existence d'un mort-vivant, en attendant que la mort vienne le délivrer[1]. Plus radicalement, cette interprétation de l'incommensurabilité ferait de la réalisation de la valeur supérieure un objectif toujours prioritaire sur la réalisation de la valeur inférieure, et ceci quelles que soient les conséquences. Cela ne semble guère compatible avec l'orientation conséquentialiste de Mill.

On peut enfin estimer qu'il y a incommensurabilité entre des valeurs lorsqu'elles réalisent une situation de discontinuité. L'idée est la suivante: la valeur A est incommensurablement supérieure à la valeur B si, à partir du moment où la valeur B est réalisée en quantité suffisante, n'importe quelle quantité de la valeur A, si minime soit elle, devient préférable à n'importe quelle quantité supplémentaire de la valeur B, si importante soit elle. De la sorte, les plaisirs de l'esprit seraient incommensurablement supérieurs aux plaisirs physiques en ce sens que, dès lors qu'un certain degré de bien-être physique est atteint, l'option adéquate n'est plus de chercher à accroître ce bien-être, mais de s'attacher à cultiver les plaisirs de l'esprit, si peu qu'on en obtienne au bout du compte. Si l'on procède par élimination, il semble que l'on puisse prêter à Mill une conception de ce genre. Au demeurant, une telle interprétation s'accorde assez avec le peu d'enthousiasme manifesté, dans ses écrits économiques, pour l'accroissement illimité des

---

1. Un ascétisme inspiré de Platon et de Pythagore est plutôt rare à l'époque de Mill. Ce dernier vise en fait une interprétation défensive de l'*éthos* chrétien, moins inspiré par la «quête énergique du bien» que par l'abstinence frileuse devant le Mal (*On Liberty*, New York-Londres, Norton & Company, 1975, p. 47-48).

richesses comme moyen de procurer le bonheur universel[1].
Au total, la thèse de Mill semble être la suivante : lorsque l'on
a affaire aux mêmes types de plaisirs, le principe benthamien
de la commensurabilité peut jouer ; lorsque l'on a affaire à des
types de plaisirs qui sont différents, ce principe ne joue plus.

À ce moment du raisonnement, Mill s'adresse à lui-même
une objection : « Qu'entendez-vous par une différence de qualité entre des plaisirs ? Qu'est ce qui peut rendre un plaisir,
considéré simplement comme tel, plus précieux qu'un autre, si
ce n'est qu'il y en a plus ? ». Il n'est pas difficile de comprendre
que c'est en fait Bentham qui, d'outre-tombe, s'adresse à l'in-
digne héritier[2] : « Qu'as-tu fait, malheureux, du principe utilitariste de la commensurabilité des plaisirs ? ». La réponse semble curieusement décalée par rapport à la question. En effet,
Mill ne va pas dire, à proprement parler, ce qu'il entend par différence de qualité entre des plaisirs, mais plutôt proposer une
preuve destinée à montrer qu'il faut admettre une telle différence. C'est là que le troupeau des pourceaux d'Epicure rentre
en scène.

Mais procédons par ordre. Mill énonce en premier lieu
un principe général : lorsqu'il s'agit de décider si, de deux
plaisirs incommensurables, l'un a plus de valeur que l'autre,
c'est l'avis de ceux qui ont connu les deux qui permet
d'arbitrer. L'argument évoque irrésistiblement ce passage de
la *République*[3] où Platon présente le Philosophe comme le seul
juge compétent en matière de genres de vie car, outre le genre
de vie qui est le sien, il a également pu connaître, avant sa
conversion philosophique, le genre de vie de l'ambitieux et de

---

1. « Le meilleur état pour la nature humaine est celui dans lequel personne
n'est riche, personne n'aspire à devenir plus riche et ne craint d'être renversé en
arrière par les efforts que font les autres pour se précipiter en avant », *Principes
d'économie politique*, Paris, Guillaumin, 1873, t. II, p. 305.

2. Bentham est mort en 1832 ; son corps qu'il a légué à la science est, en
réalité, conservé au University College de Londres.

3. *République*, 581c-583a.

l'intéressé et en éprouver les limites[1]. Ce principe établi, Mill va ensuite l'appliquer à la question qui l'intéresse. C'est, à ses yeux, un fait incontesté que ceux qui ont eu l'occasion d'éprouver les plaisirs des sens et les plaisirs de l'esprit admettent, dans leur immense majorité, que les seconds sont supérieurs aux premiers, c'est-à-dire qu'ils ont plus de valeur.

Ceux qui sont d'un avis contraire font partie d'une minorité incompétente ou confondent la satisfaction avec le bonheur. Ainsi, mieux vaut être Socrate insatisfait qu'un pourceau satisfait. La formule n'est pas exempte d'une certaine ambiguïté ; en effet, elle peut se comprendre comme si elle signifiait :

– quel que soit l'instant considéré de l'existence de l'un et de l'autre, mieux vaut être Socrate insatisfait qu'un pourceau satisfait.

Ou bien comme si elle signifiait :

– si l'on considère l'existence de Socrate et celle d'un pourceau dans leur intégralité, mieux vaut avoir vécu comme Socrate et mourir insatisfait que mourir satisfait après avoir vécu comme un pourceau.

Mill ayant rattaché les plaisirs de l'esprit à l'exercice intégré et durable de facultés supérieures, on raisonnera à partir de la seconde interprétation. La formule suggère donc qu'il existe deux couples de contraires :

– satisfaction/insatisfaction d'une part ;
– bonheur/malheur d'autre part.

Les combinaisons suivantes sont alors envisageables :

I) Satisfaction/bonheur.
II) Satisfaction/malheur.
III) Insatisfaction/bonheur.

---

1. Mill connaît parfaitement bien Platon qu'il a lu (dans le texte…) dès son enfance. Il s'écarte cependant du philosophe athénien en ne plaçant pas le seul Philosophe en position de surplomb pour juger de la supériorité des types de plaisirs ; ce sont tous ceux qui les ont éprouvés, et même, en réalité la plupart de ceux qui les ont éprouvés.

IV) Insatisfaction/malheur.

Où peut-on ranger Socrate insatisfait dans cette classification? La réponse selon laquelle il vaut mieux, tout bien considéré, être Socrate insatisfait et malheureux plutôt qu'un pourceau satisfait, manque de plausibilité. Un pourceau satisfait connaît, à tout le moins, une certaine mesure de satisfaction. À ce titre, son sort peut paraître, au moins momentanément, enviable même à un être doté de facultés supérieures; par exemple, un grand dépressif, au plus profond de son accès mélancolique, pourrait envier la calme et paisible existence du pourceau. En fait ce que Mill veut dire c'est que, même insatisfait, Socrate pourrait être heureux, tandis que le bonheur du pourceau dépend de sa satisfaction au point de s'identifier à elle. Précisons. On pourrait être tenté de raisonner de la façon suivante[1]: Socrate étant capable de former des désirs plus variés et plus nombreux que le pourceau, même si certains des désirs socratiques restent insatisfaits, au total plus de désirs socratiques seront satisfaits que de désirs porcins. Ainsi supposons que le pourceau désire seulement manger puis dormir au soleil; et que Socrate désire seulement rendre Alcibiade vertueux, boire modérément dans la maison d'Agathon puis discuter sur la nature de l'amour, conserver son intégrité face à la médiocrité de ses accusateurs et enfin critiquer l'enseignement des sophistes. Au terme d'une vie bien remplie, le pourceau aura intégralement satisfait ses désirs de simple pourceau; quant à Socrate, il aura échoué à rendre Alcibiade vertueux, même s'il a réalisé ses autres désirs: il sera donc, au total, insatisfait. Mais, ayant réalisé ses autres désirs, dont chacun comprend qu'ils sont plus nombreux et plus variés que ceux de son rival porcin en matière de vie bonne, il sera heureux.

---

1. C'est ainsi que procède, par exemple, F. Vergara dans sa présentation de la traduction de l'essai de Mill, *La Nature*, Paris, La Découverte, 2003, p. 32.

Toutefois, le double critère de la variété et du nombre, considéré en lui-même, n'opère que s'il y a commensurabilité entre les plaisirs, ce qui est précisément le point en discussion. Car il y a, de toute évidence, des plaisirs nombreux et variés dont un pourceau ne saurait avoir l'expérience, comme par exemple, lire *Ulysse* de Joyce, regarder des films pornographiques, consommer de l'héroïne par auto-injection intraveineuse et enfin jeter des bananes aux sportifs noirs dans les stades, tout en leur criant des insultes racistes. Supposons que nous comparions l'existence de notre modeste pourceau, lequel désire seulement manger puis dormir au soleil avec celle d'un hooligan qui aurait formé, à la suite d'on ne sait trop quel trajet personnel, les quatre désirs qui viennent d'être énumérés (et ces quatre désirs seulement); supposons encore que notre hooligan, comme il était prévisible, ait parfaitement réussi à satisfaire tous ses désirs, sauf celui qui consistait à lire jusqu'au bout le difficile roman de Joyce. Selon le critère de la variété et du nombre des plaisirs, il mourra insatisfait mais heureux, et nous serons en droit d'en parler comme d'un moderne Socrate. Mill n'accepterait certainement pas une telle conclusion.

Serait-ce à dire qu'il est moralement interdit de comparer certains plaisirs avec les plaisirs de l'esprit, au motif que les premiers seraient intrinsèquement mauvais ? Mill aurait-il, plus ou moins consciemment, intériorisé les préjugés de la société victorienne ? Et son analyse serait-elle biaisée pour cette raison ? Observons que lorsqu'il énonce le principe : « De deux plaisirs, s'il en est un auquel tous ceux, ou presque tous ceux qui ont éprouvé l'un et l'autre accordent résolument la préférence, c'est celui-là qui est le plus désirable », il introduit une restriction capitale : « sans y être poussés par un sentiment d'obligation morale ». Cela signifie que l'inspection des deux plaisirs – en fait, plus probablement, des deux types de plaisirs – doit avoir lieu avant que soit adoptée la posture morale consistant à reconnaître des obligations. C'est d'ailleurs parfaitement conforme à la démarche globale du conséquentialisme, qui fait des normes morales un instrument pour la réalisation du Bien et non le Bien lui-même ; pour un conséquentialiste, les obligations et les interdictions ne sauraient opérer avant que la comparaison entre les plaisirs et les peines, qu'il s'agisse ou non d'entités tenues pour commensurables, ait été menée jusqu'au bout.

Ce que veut dire Mill, en réalité, c'est que Socrate, ayant déployé et exercé ses facultés supérieures, a réalisé au plus haut degré la destination humaine. Celle-ci n'est pas suggérée par de vagues et transitoires désirs, mais par les décrets éternels et immuables de la raison. Elle est atteinte lorsque l'individu est parvenu à faire du développement de sa personnalité un tout complet, harmonieux et consistant. Quelques mots relatifs à cette phrase et aux deux qui la précèdent : il s'agit d'une paraphrase libre d'un passage de *On Liberty*[1] ; ce passage lui-même est une citation, par Mill, d'un extrait de l'*Essai sur les limites de l'action de l'État* de W. von Humboldt. L'ouvrage a été rédigé en 1791-1792, publié pour la première fois en 1850 et traduit en anglais en 1854[2]. Mill y attache assez d'importance pour en avoir placé quelques lignes en exergue de *On Liberty*. Le libéralisme de von Humboldt est politique ; cet auteur défend la thèse classique selon laquelle la fonction de l'État n'est pas de mettre en œuvre des moyens juridiques et politiques visant à réaliser une conception sub-stantielle du Bien, mais seulement d'empêcher d'advenir le Mal qui résulte de la violation des droits. Cette affirmation ne se suffit pas à elle-même, toutefois : elle s'adosse à une théma-tique romantique. Si l'État se doit d'observer une attitude aussi discrète, c'est que la grande affaire de l'individu est

---

1. *On Liberty*, p. 54.

2. L'ancienne traduction de H. Chrétien (1867) vient d'être republiée, révisée par K. Horn, sous le titre *Essai sur les limites de l'action de l'État*, Paris, Les Belles Lettres, 2004.

le développement de ses potentialités lequel doit prendre la voie de la plus grande diversité des individualités. Pour von Humboldt, l'État est radicalement incapable d'apporter quelque secours que ce soit en ce domaine. Mill se montre parfois beaucoup plus proche de von Humboldt que de Bentham et c'est particulièrement le cas lorsqu'il affirme qu'il y a des types de plaisirs qualitativement différents, parce qu'il y a des facultés humaines qualitativement différentes par leur type. Son utilitarisme devient alors difficilement discernable du perfectionnisme, comme théorie éthique selon laquelle le bien consiste à développer au plus haut point certaines excellences ou certaines facultés typiquement humaines. Le pourceau étant radicalement dépourvu de telles facultés, il pourra goûter de nombreuses satisfactions porcines et s'en contenter; mais il sera tout aussi radicalement incapable de se faire la moindre représentation de ce que peuvent être les plaisirs liés à l'exercice de ces facultés supérieures. Le point de vue de celui qui parle en son nom est donc unilatéral et il n'y a pas lieu d'en tenir compte[1].

C'est pourquoi, lorsqu'il s'agit de mettre à jour les ressorts psychologiques expliquant la répugnance de l'être pourvu de facultés supérieures à se contenter de satisfactions inférieures, Mill retient préférentiellement un certain « sens de la dignité », possédé par tous les êtres humains et aligné, au moins en gros, sur le développement de leurs facultés supérieures. La notion de dignité a, en effet, une longue histoire.

Il s'agit d'un concept de l'antiquité romaine, n'appartenant d'ailleurs pas, à l'origine, au domaine de la philosophie

---

1. La formule : « ne connaître qu'un seul côté de la question » reparaît pratiquement telle quelle dans *On Liberty* (p. 36) : « Celui qui ne connaît qu'un seul côté d'une affaire, le sien, en connaît peu de choses ». Il est intéressant de remarquer qu'il s'agit d'un éloge de Cicéron qui avait la réputation, dans un procès, d'étudier à fond la cause de son adversaire. On a donc ici affaire à une véritable « éthique de la discussion », si l'on veut bien admettre, à la façon de Leibniz, que la place d'autrui est le vrai point de vue pour juger équitablement.

morale, mais à celui de l'esthétique (chez Cicéron) et, dans son usage le plus courant, à celui de la politique ; il désigne une position élevée dans les institutions romaines. Normalement détenue par les Sénateurs, la dignité se caractérise par un ensemble de privilèges mais aussi d'obligations, que le dignitaire doit assumer avec la gravité requise par son rang éminent. Le terme semble être entré dans le vocabulaire de la philosophie morale par l'intermédiaire des stoïciens ; selon ceux-ci, la dignité est liée à la faculté, dévolue aux seuls êtres humains, de faire un usage correct de leurs représentations. Cet usage dépend, ultimement, d'un acte de volonté, consistant à donner ou à refuser son assentiment : par là, l'être humain excède ce qui, en lui, est un simple donné naturel et constitue, pour ainsi dire, un îlot de liberté dans un océan de déterminisme. Le concept a reçu le sacrement du baptême chez les Pères Grecs et Latins. De façon générale, il renvoie chez eux à une anthropologie selon laquelle l'homme, seul parmi tous les autres êtres, a été créé non pas seulement par Dieu, mais aussi à Son image et à Sa ressemblance. Cette intuition fondamentale a subi plusieurs variations : ainsi, il a souvent été souligné que le monde, portant la marque d'une organisation et d'une finalité, a été fait en vue de l'homme. Elle a également subi l'apport d'éléments néoplatoniciens : l'essence de l'homme est double et l'apparente à la fois à la nature divine immortelle et à la nature terrestre mortelle. Son statut est donc absolument unique, le met à part de tout le reste de la création et c'est en cela que consiste sa dignité. Ces considérations anthropologiques vont recevoir toutes sortes de variations à travers l'histoire. Ainsi, à la renaissance, Pic de la Mirandole rattache la dignité au fait que l'homme est le seul être a avoir été, en quelque sorte, créé créateur de lui-même. Il n'est pas difficile de voir en la perfectibilité rousseauiste un avatar de la dignité ainsi conçue : la perfectibilité selon Rousseau n'est pas, en effet, la simple faculté de s'améliorer, mais la capacité spécifiquement humaine de concourir à ses propres actions en qualité d'agent libre, alors que la Nature fait tout dans celles des bêtes. Les variations sur ce thème peuvent aller jusqu'au grandiose. Fichte affirme ainsi : « la figure humaine est nécessairement sacrée pour l'homme »[1] et en veut pour preuve que l'homme est un animal tellement imparfait qu'il n'en est plus un animal, voué qu'il est à la formation et à la construction de soi, jusque dans l'élaboration de son être physique. En bon utilitariste, Mill fait de la question des êtres sensibles une question directement éthique ; il ne s'en rattache pas moins, à sa façon modeste et patiente, à toute cette tradition.

Même si on laisse de côté la question de l'impartialité, qui semble, on l'a montré, intrinsèquement liée à la façon dont la comparaison est établie, il n'est pas certain que les défenseurs des animaux puissent attendre un très grand secours de cette version de l'utilitarisme à l'appui de leurs thèses.

---

1. *Fondement du droit naturel selon les principes de la doctrine de la science*, Paris, PUF, 1984, p. 100.

TABLE DES MATIÈRES

L'ANIMALITÉ

TEXTES ET COMMENTAIRES

Achevé d'imprimer le 10 juillet 2020
sur les presses de
La Manufacture - Imprimeur – 52200 Langres
Tél. : (33) 325 845 892

N° imprimeur 200501 - Dépôt légal : septembre 2004
Imprimé en France